Warum eine Pistole auf der Bühne nicht schießt

MATTHIAS HARTMANN

Warum eine Pistole auf der Bühne nicht schießt

Ein kleiner Versuch, das Theater zu retten

ecowing

FSC
www.fsc.org
MIX
Papier | Fördert gute Waldnutzung
FSC® C084698

Medieninhaber, Verleger und Herausgeber:
Red Bull Media House GmbH
Oberst-Lepperdinger-Straße 11–15
5071 Wals bei Salzburg, Österreich

Cover- und Umschlaggestaltung: www.b3k-design.de, Andrea Schneider, diceindustries
Coverfoto: Helge Kirchberger Photography
Satz: MEDIA DESIGN: RIZNER.AT
Gesetzt aus der Palatino, Resolve Sans

Printed by PNB Print, Latvia
ISBN: 978-3-7110-0355-3

»Ich glaube an die Unsterblichkeit des Theaters. Es ist der seligste Schlupfwinkel für diejenigen, die ihre Kindheit heimlich in die Tasche gesteckt und sich damit auf und davon gemacht haben, um bis an ihr Lebensende weiter zu spielen.«

MAX REINHARDT

Inhalt

Rette es, wer kann

Für das Theater braucht man eine Person, die zuschaut, und eine, die spielt. Das war's dann schon. Wenn einer fehlt, gibt's kein Theater – sollte man meinen.

Damit die Person, die zuschaut, weiter zuschaut, muss es interessant sein. Dann kommen immer mehr. Darum geht's. Aber es gehen immer weniger Menschen ins Theater, seit Jahrzehnten schon, der Lockdown hat das Ganze nicht einfacher gemacht. Die Menschen kamen begeistert zurück in die Fußballstadien, sie gingen wieder ins Konzert, in die Oper und in Museen, als wäre eine große Seelennot von ihnen abgefallen, aber die Theater taten sich schwer. Liegt's an Social Media? Sitzen alle vor Netflix? Was passiert, wenn das so weitergeht? Ist es dann vorbei mit dem Theater? Kann schon sein. So wie wir es kennen jedenfalls. Das Theater an sich kann man genauso wenig eliminieren wie Löwenzahn auf einer stillgelegten Autobahnbrücke, es kommt immer wieder hervor.

Ich stelle mir vor, dass sich in irgendeiner Garage wieder ein Spinner finden wird, der nicht anders kann und neu anfängt. Er wird einen anderen Spinner finden, der ihm zuschaut, und schon geht's wieder los. Die begabteren

Spinner werden sich durchsetzen und ihr Publikum davon überzeugen, dass man ohne einander nicht mehr leben kann. Sie schärfen ihre Instinkte an der Sehnsucht des Publikums. Sie werden von ihrer Lust auf Wirkung getrieben, von ihrer Musikalität und ihrem Gestaltungswillen und der Kunst, zu verblüffen und zu verführen. Sie brauchen das Echo des Publikums, so wie das Theater das Publikum zum Überleben braucht.

Hereinspaziert

Das erste Jahr in Bochum war bald rum, und es lief immer noch nicht so, wie ich es mir vorgestellt hatte, ich wurde ungeduldig. Ich hatte lauter sensationelle Schauspieler mit den rosigsten Versprechen nach Bochum gelockt. Sie hatten mir geglaubt, waren mir gefolgt, hatten andere Jobs aufgegeben. Hatten Wohnungen gemietet, ihre Kinder eingeschult und Jahre ihres Lebens mit mir zusammen verplant. Am zweiten Abend nach der Eröffnung des Theaters stand ich schwitznass im Garderobenflur, weil kaum Zuschauer gekommen waren. Wie erklärt man das? Ich sagte, ihr geht da jetzt raus, der Vorhang geht hoch, und es sind leider kaum Leute da.

Nun war das erste Jahr also fast vorbei, alle noch im Aufbruch, ich wollte jetzt alles richtig machen. Ich versammelte Theater-Superstar-Granaten wie Traugott Buhre und Margit Carstensen, um den Dürrenmatt-Schlager *Die Physiker* zu spielen. Das konnte nicht schiefgehen. Die Rechnung ging auch auf. Schullektüre. Die Leute kamen. Allerdings war die Aufführung nichts Besonderes. Sie hatte keinen Pfiff. Nach der Vorstellung, es war ein lauer Frühlingsabend, stand ich zufällig auf dem Hans-Schalla-Platz vor dem Theater. Das Publikum verteilte sich in kleine Gruppen.

Ich mache das gerne, mich unter die Leute zu mischen und ihnen heimlich zuzuhören. Niemand sagte etwas, womit ich etwas anfangen konnte. Gehst du noch zum Orlando? … Wir gehen noch in den Livingroom … Ich muss morgen früh raus. … Niemand sprach über die Aufführung. Das war verdächtig.

Ein mitteljunges Pärchen lief schweigend die Saladin-Schmitt-Straße hoch. Ich folgte ihnen, ganz nah, nur um ein paar Worte zu erhaschen. Nur die beiden und ich. Ich drohte aufzufliegen, wollte gerade abdrehen, da sagte sie schließlich: Schau, ist doch besser, als jeden Tag vor der Glotze zu sitzen. Das hatte so etwas Tröstendes. Wahrscheinlich hatte sie sich bei ihm beschwert, dass er nur noch mit immer träger werdendem Gemüt und Arsch zu Hause vor dem Fernseher sitzt. Also hatte er sich aufgemacht und sie mit Theaterkarten überrascht. Am Schauspielhaus solle ja jetzt ein frischer Wind wehen, er kaufte an der Theaterkasse Karten für ein Stück, dessen Titel ihm vertraut vorkam. Der Abend war dann auch ganz okay, aber eben nicht sensationell. Jetzt gingen sie heim, sie tröstete ihn, weil es doch so nett von ihm gemeint gewesen war. Ist doch besser, als …

Das war mein Albtraum. Ich wollte funkeln und begeistern. Am nächsten Tag nahm ich das Stück vom Spielplan. Frau Käding schrie: Unser bestverkauftes Stück! Sie bettelte, aber ich litt und fand, dass es keinen Sinn macht, wenn wir das Publikum mit einem populären Titel ins Theater locken und drei Stunden langweilen. Nichts ist schlimmer, als ein Versprechen zu geben, das man nicht halten kann. Bis wir diese Leute noch einmal überreden können, einen Besuch bei uns zu riskieren, können fünf Jahre vergehen. Ich meine jetzt nicht diese unerbittlich geduldigen Theater-Nerds, die sich immer und alles anschauen, dieser kleine Haufen trotzig Ausdauernder, die heute das Rückgrat des deutschen Sprechtheater-Publikums bilden. Die auf Festivals zu den Publikumsdiskussionen kommen und von früher erzählen, einen am Arm festhalten und dabei weinen. Ich meine auch nicht die Theaterwissenschaftsstudenten, die nur deswegen kommen, weil sonst niemand da ist, damit sie sich als Teil einer missverstandenen intellektuellen Elite fühlen können. Ich meine wirkliches, echtes Publikum. Menschen, denen man etwas zumuten kann, wenn man sie mitreißt. Die etwas erleben wollen. Die kein populäres Stück brauchen und auch keinen Trost. Ich meine Leute, die sich sogar eine kryptische Sprachpartitur von Jon Fosse mit dem Titel Todesvariationen anschauen. Das Stück war dann in Bochum bis zum letzten Tag ausverkauft.

Warum eine Pistole auf der Bühne nicht schießt

Theater ist das Fitnesscenter für die Fantasie. Manchmal beobachte ich aus der obersten Loge das Publikum beim Hereinkommen, bevor die Vorstellung beginnt. Wie sie sich hinsetzen, erwartungsfroh und bereit, sich zurechtruckeln, im Programmheft stöbern. Das Theater hat beim Publikum erst einmal einen Bonus. Es ist bereit, dem zu glauben, was auf der Bühne gespielt wird. Es weiß ja, wenn es ins Theater geht, dass da nicht die Wirklichkeit auf sie wartet. Dass ihre Fantasie gefragt ist, ihre Kraft, sich eine andere Welt vorzustellen. Deswegen ist es ja immer ein bisschen lächerlich, wenn jemand auf der Bühne mit einer Pistole droht. Würde sie wirklich losgehen, käme jemand zu Tode.

Wenn ich mir aber einen Film anschaue, einen Thriller, dann nehme ich eine Pistole ernst. Filme sind Illusionen der Wirklichkeit, ich brauche keine Fantasie, um mir vorzustellen, was ich sehe. Im Theater glaubt das Publikum den herrlichsten Unsinn. Ich liebe es, damit zu spielen. Dass ein einfacher Sessel, aus dem der Schauspieler gerade aufsteht, das Land England sein soll. Und dass der weiße Kreidestrich drumherum das bedrohliche Meer ist. Hätte das

Publikum keine Lust, so einen Unsinn zu glauben, würde es nicht ins Theater gehen. Das war immer so, schon in der Antike oder bei Shakespeare. Das Publikum hat Freude daran, eine neue Welt auf der Bühne und auch in ihren Köpfen entstehen zu lassen. Arbeitet das Publikum nicht mit, entsteht nichts. Gelingt es, dann ist es hingerissen. Hingerissen von sich selbst. Und dann feiert es nicht nur die Aufführung, sondern auch sich selbst. Es ist dann so begeistert, dass alle Versuche, dem Theater eine moderne Daseinsberechtigung zu geben, lächerlich erscheinen. Wenn die Zusammenarbeit mit dem Publikum in der Fantasie gelingt, braucht es keine äußerlichen Zutaten. Man kann, aber man muss keinen Rap spielen, um für ein junges Publikum modern zu sein. Man muss auch nicht Texte aus der aktuellen Kriegsberichterstattung mit einer antiken Tragödie verschränken, um zeitgemäß zu sein. Auch das kann man gerne machen, und dagegen ist auch überhaupt nichts einzuwenden. Aber Theater braucht keine Legitimation, um modern zu sein. Das Spiel mit der Fantasie ist das Geheimnis.

In alten Filmen mit Liselotte Pulver wurde Freude mit einem freudigen Lächeln ausgedrückt und bei Trauer flossen Tränchen. Beim Method Acting des berühmten Schauspiel-Lehrers Lee Strasberg lernten Hollywood-Stars, dass man Gefühle nicht eins zu eins ausdrückt. Man spielt nicht das Gefühl, man spielt, wie man die Gefühle beherrscht. Am Grab des verstorbenen Sohnes kämpfen die Eltern tapfer mit den Tränen. Mit dem Ausdruck der Tapferkeit kann man sowieso am besten spielen, wie viel Gefühl man hat. Ganz gleich, ob Trauer oder Glück. Verabschiedet sich die Mutter im Film vor dem Greyhound von ihrem neunjährigen Sohn, der zum ersten Mal für zwei Wochen ins Schullandheim fährt, presst sie tapfer die Lippen aufeinander. Kommt der Bub nach zwei Wochen wieder, beherrscht der Vater seine Gefühle über das glückliche Wiedersehen tapfer mit aufeinander gepressten Lippen. Als mir das zum ersten Mal auffiel, sah ich es plötzlich überall. Barbra Streisand und Robert Redford scheinen das tapfere Lippenaufeinanderpressen zum Haupt-Stilmittel ihres Schauspiels gemacht zu haben. Wenn der Präsident der Vereinigten Staaten von Amerika Präsident der Vereinigten Staaten von Amerika wird, sieht man ihn überwältigt von Gefühlen mit zusammengepressten Lippen vor der Nation stehen. Es hat eine Art Rückkopplung vom Film ins Leben gegeben. Alle spielen das Gleiche. Er trennt sich von ihr, Lippen werden tapfer gepresst. Sie besteht die Führerscheinprüfung: Lippen pressen. Tapferkeit als Gefühlsübersetzung ist zum alltäglichen Habitus geworden. Ganz Amerika hat eine standardisierte Gefühlsäußerung. Das Massenmedium Film bewirkt, dass alle immer ähnlicher und fantasieloser werden. Alle haben die gleichen Gefühle, die gleichen Träume, Ängste und huldigen den gleichen Werten. Ein Eldorado für manipulative Politiker und den Gott des Konsums.

Fantasie ist ein ziemlich schwacher Muskel unserer Seele geworden. Sie wird nicht gebraucht und nicht trainiert. Muskeln, die man nicht regelmäßig braucht, werden schlaff. Fantasie auch. Ohne Fantasie kann ich mir nicht vorstellen, wie ich oder die Welt anders sein könnte. Anders friedlich, anders gerecht, anders durch mich.

Fantasie ist wichtig, wenn wir uns gegen die Bedrohungen durch Populisten, Despoten und vielleicht bald künstliche Intelligenz wappnen wollen. Mit Fantasie kann ich die Vorstellung von mir als einem selbstbestimmten Individuum erzeugen. Oder umgekehrt: Wenn ich mich nur als ein Teil einer Masse begreife, die im Gleichklang und im Gleichschritt in die gleiche Richtung marschiert, dann habe ich keine Fantasie für mich als jemanden außerhalb der Masse. Dann bin ich ein Teil der Masse. Wer Teil der Masse ist, hat keine Vorstellung davon, wie es außerhalb der Masse sein könnte.

Erst mit dem Theater die Fantasie retten und dann mit der Fantasie die Welt retten, das ist auch eine politische Dimension des Theaters.

Theater wandelt sich mit den Zeiten und erfindet sich als Spiegel der Gesellschaft immer neu. Das Wichtigste für mich ist die Frage, was das Theater im Kern ausmacht. Was kann das Theater, was andere nicht können? Was ist es, was am Theater immer gültig bleibt? Nur weil sich Menschen zusammen in einem Saal versammeln, um gemeinsam etwas zu erleben, wird noch kein Theater daraus. Es sei denn, Popkonzerte und Gerichtsverhandlungen sind auch Theater. Es geht doch um das, was Theater von den Zuschauern braucht, um überhaupt erlebt zu werden.

Schon die alten Griechen haben drei Jahrhunderte vor Christus in Epidauros ein Theater gebaut, in dem die Kranken genesen sollten. Weil das, was Zuschauer mit ihrer Vorstellungskraft tun, um Theater für sich erlebbar zu machen, sie selbst verändert. Es war dem Äskulap gewidmet, dem Gott der Heilung. Wir kennen ihn als Statue, um deren Wanderstock sich eine Schlange windet. Das antike Theater war ursprünglich eine kultische Veranstaltung, später bekamen die Zuschauer sogar Geld, um ins Theater zu gehen, die Teilnahme am Chor war zuweilen Bürgerpflicht. Erst der große deutsche Aufklärer Gotthold Ephraim Lessing entwickelte aus den Ideen der griechischen Tragiker und den Stücken Shakespeares eine grundlegende Theorie des deutschen Dramas samt Gebrauchsanleitung. Er wollte, dass das »bürgerliche Theater« (Achtung, das bekommt später noch eine Liebeserklärung von mir!) eine »Schule der Menschlichkeit, des Gefühls und der moralischen Welt« wird, und Friedrich Schiller schließlich entwarf das Modell der Schaubühne als moralische Anstalt. Und den Rest schwänze ich.

Das Problem ist das Theater der Wohlmeinenden. Für sie ist die gute Absicht schon der Beweis für Qualität. Wer gesellschaftliche Missstände adressiert, produziert kostbare und bedeutende Beiträge zum öffentlichen Diskurs. Das Theater der Wohlmeinenden und das Publikum der Wohlmeinenden sind sich einig, dass Machtmissbrauch und Korruption hochaktuelle, die Gesellschaft belastende Themen sind. Aber sind gute Romane vielleicht deswegen spannend, weil ich als Leser keine schnellen Antworten bekomme, sondern herausgefordert werde, die unterschiedlichsten Standpunkte anzunehmen, auch wenn es noch so schmerzt, sich plötzlich mit dem Teufel zu identifizieren? Bei Shakespeares *Richard III.* hat das auch schon funktioniert. Die modernen Serienerzählungen haben daraus eine Kultur gemacht. Walter White in *Breaking Bad* als Drogendealer und Frank Underwood als korrupter amerikanischer Präsident in *House of Cards* sind Schurken, aber ich will, dass sie gewinnen. Das fordert mich heraus, macht mich zu einem mündigen Zuschauer, der seinen moralischen Kompass immer wieder neu ausrichten muss.

Das gute Theater diskutiert, bespricht Kontroversen, schafft Paradoxien, es führt ins Ungewisse, macht das Publikum gleichzeitig orientierungslos und mündig, weil es herausgefordert wird, eigene Entscheidungen zu treffen, und weil es mit seinen Entscheidungen zuweilen im Stich gelassen wird. Das gute Theater schafft Perspektiven. Weder sollte Theater dem Publikum erzählen, wie und was es zu denken und zu meinen hat, noch ist der Inhalt dessen, was Theater erzählt, ein Parameter für die Qualität der Aufführung. Sonst wird Theater ein Versteck für Dilettanten, die sich hinter wohlmeinendem Konsens verschanzen. Das überrascht und verführt kein Publikum. Niemand wird angezündet. Kein Fremder kommt. Nur diejenigen, die sich nach Solidarität sehnen, nach Konsens und sich irgendwie politische Hygiene erhoffen. Das verstehe ich ja. Aber sie machen das Theater zu einer Insel, auf der außer ihnen bald niemand mehr wohnt.

Geht's dem Theater wie der sogenannten »Neuen Musik«? Wird es eine ehrenwerte Randerscheinung? Bei der Neuen Musik arbeitet ein Komponist oft jahrelang an einer hochkomplexen Partitur, Opernhäuser rühmen sich, dass sie etwas zur Entwicklung zeitgenössischer Musik beitragen. Dann gibt's zwei Aufführungen und es wird nirgendwo nachgespielt. Keiner hört's, keiner sieht's. Insel-Kultur.

Der Stadt Bochum beispielsweise fehlt Geld, um Klassenzimmer anzustreichen, da sind 34 Millionen für ihr Schauspielhaus ein ganz schön großes Stück vom Kuchen. Kommt dann kein Publikum, wird es schwer, zu erklären, dass man das Theater braucht, um die Welt zu retten.

Aus Ich wird nix

Die meisten Eltern versuchen, ihre Kinder in bürgerliche Berufe zu leiten, bei mir war es umgekehrt. Meinen Eltern war immer klar, dass ich Künstler werde. Ich selbst wollte das nie. Höchstens Popstar, wenn man die noch zu Künstlern zählen kann. Wenn ich nach der Schule zu meiner Mutter in den 2CV kletterte, wo sie selbst Kunst unterrichtete, sie trug einen bolivianischen Poncho und Stirnband, dann wäre ich lieber zu der Dame mit Frisur in den Range Rover gestiegen und zu Fritz nach Hause gefahren, wo es einen Swimmingpool gab und Hauspersonal. Ich wollte mich immer an die Oberfläche retten. Kunst war gratis, nichts, worauf man stolz sein oder sich etwas einbilden konnte. Alles Künstlerische führte mich an seelische Abgründe und ungeahnte Schründe. Bei jedem Sonnenuntergang musste ich sofort heulen und Gedichte schreiben. Alles Künstlerische zog mich abwärts. Ich wollte da nicht hin. Wenn ich schrieb oder Musik machte, war der Preis ein Schmerz. Warum ich dennoch am Theater gelandet bin?

Ich war ein schlechter Schüler. Die Wirklichkeit, das echte Leben, spielte sich für mich in einer Parallelwelt ab. Ich hatte mich damit abgefunden, dass ich das »Draußen«, die Welt außerhalb meiner Vorstellungsräume, nie richtig verstehen würde. Wenn ich versuche, mich zu erinnern, ist alles in einem merkwürdigen Licht. Als wäre es ein Film. Unwirklich. Als hätte ich nicht mitgespielt und nur ab und zu vorbeigeschaut. Meistens habe ich irgendwas geträumt. Einmal habe ich eine gute Note bekommen. Das war ein Beschwerdebrief an unseren Deutschlehrer. Er war begeistert, dass ich endlich mal einen strukturierten Aufsatz geschrieben hatte. Meine Eltern wussten nicht, wohin mit mir. Weil ich mich unbeliebt gemacht, alle gegen mich aufgebracht hatte, musste ich die Schule wechseln. Ich wollte immer der Chef sein, konnte die Rolle aber nicht ausfüllen. Chef war der sehr vernünftige und fleißige Steffen Schaf, der Cello spielte und der von allen gemocht wurde und auch zu mir immer freundlich blieb und deswegen zu Recht Klassensprecher war. Ich konnte noch so viel angeben und behaupten, dass mein Vater das schnellste Auto fuhr, ich kam nicht an Steffen heran. Steffen stürzte mit 18 Jahren in den Dolomiten zu Tode. Irgendjemand aus dem anthroposophischen Umfeld meiner Eltern sagte damals, Steffen sei ein besonderer Mensch gewesen, der mit den Aufgaben dieser Welt schon fertig gewesen sei. Na, wenn das so ist, das war mir damals schon klar, dann hatte ich ja noch eine ganz lange, steinige Lebensstrecke vor mir.

Doppelt sein

Als er 13 war, flogen die Whiskygläser durch die Fenster, die Trennung drohte, und so schickten die Eltern ihn aus pädagogischer Verantwortung und zu seinem eigenen Schutz auf ein englisches Internat. Dieser Junge ist wie ein Fremder für mich. Jemand, den ich schon lange kenne, aber immer noch nicht verstehe. Natürlich wollte er nicht ins Internat. Wie der mir beim Schreiben schon wieder auf die Nerven geht, sein Jammern und sein Wehren, mit Händen und Füßen. Aber es half nichts, die Mutter beherrschte die Kunst der Manipulation und sagte: Na gut, du darfst dir eins aussuchen. Dass sie ihm die Wahl gab, ließ ihn glauben, es sei seine Entscheidung. Er entschied sich für ein Internat, wo man keine Schuluniformen tragen musste. Schlau war der Junge nicht, aber leutselig. Ein paar Tage schien es immerhin zu gehen. Er schrieb Briefe, in denen eine Sarah vorkam. Es tat ihm gut, der Große, Tolle und Neue zu sein. Aber bald schrieb er furchtbare Briefe. Er hatte es sich wieder bei allen vermasselt. Die Mutter identifizierte sich immer mit seinen Niederlagen. Sie selber war ungestüm, völlig egozentriert, vereinnahmend und vor allem rasant. Sie hatte sich für ihn gewünscht, dass das jetzt eine neue Chance sein würde. Sie wusste genau, wovon sie sprach. Ihr ganzes Leben hatte sie sich daran wund gestoßen, die Große, Tolle und Neue sein zu wollen.

Schnell wurden seine Briefe bedrohlich. Wenn ihr mich nicht holt, weiß ich nicht, was ich mache! Der Vater fuhr hin. In *Der gute Mensch von Sezuan* von Brecht spielte der Junge den dritten Gott. Er hatte die meisten Lacher. Na, geht doch, dachte der Vater, ist doch alles nicht so schlimm. Die Leute lachen doch. Der Junge verstand das nicht, warum war das jetzt plötzlich etwas Besonderes? Wollte man ihn trösten, weil alles sonst immer schiefging? Auf den Erfolg angesprochen, zuckte der Junge nur mit den Achseln. Er meinte, man müsse halt doppelt sein. Niemand verstand seinen Satz. Er selbst auch nicht.

Nach vier Jahren England kam der Junge zurück, ohne je einen Abschluss bestanden zu haben. Fragten seine Eltern, was er jetzt machen wollte, träumte er von großen Autos. Der Vater meinte: Wetten, der will immer noch Popstar werden. Aber nicht wegen dem Pop in der Musik, sondern wegen dem Star.

Nach einigen Monaten Maschinenschlosser-Ausbildung meldete sich die Vermieterin des Jungen bei den Eltern, er sei verschwunden. Sie hörten eine Zeit nichts mehr von ihm. Die Mutter hatte sich seine Schwester vorgeknöpft. Die wusste von einer Freundin aus Schottland, die er auf einem internationalen Schülertreffen kennengelernt hatte. Durch Edinburgh führt die Princess Street. Von ihr aus enden die Straßen immer oben im Himmel oder unten in irgendeinem Park. Die Straßen gleißen, wenn die Sonne unter dem schwarzen Himmel einschießt. Kurze Regenschauer, Kniestrümpfe, Marks & Spencer, unendlich viele Pubs, grüne, hünenhafte Berge, die sich am Ende der Straße aufbauen. Als der Junge eines Morgens über diese Straße streunte, stand plötzlich seine Mutter vor ihm. Stellst du mir deine nette Freundin vor? Was habt ihr denn für Pläne? Sie wollten nach Korsika, mit Maurice. Maurice wolle in Korsika auf einer Farm Kinofilme machen und Selbsterfahrung anbieten. Maurice war schon 23 und wusste viel über Filme. Die Mutter fand die Idee super, vielleicht könne sie Maurice und das Projekt ja auch finanziell unterstützen. Am Abend besuchten sie Maurice in seiner bunten Wohnung. Die Mutter fragte ihn über seine Filmografie aus und über Korsika und ob es schon etwas Spruchreifes gäbe. Maurice war hingerissen. Was für eine coole Mutter du hast! Bist du verrückt, wieso bist du denn abgehauen?

Nein, er hatte selber noch keinen Film gemacht, aber er hatte einen sehr guten Freund, der hatte bei einem Projekt als Locationscout gearbeitet. Ach ja, sagte die Mutter.

Der Junge beobachtete Maurice, wie er versuchte, seiner coolen Mutter zu imponieren. O weh. Maurice schrumpfte in seinen Augen zu einem blöden Angeber, und 24 Stunden später saß er mit seiner Mutter im Flieger zurück nach Osnabrück. Wieder einmal Osnabrück, dem einzigen Ort bisher.

Der Vater hatte sich mit dem geklauten Schmuck seiner bösen Tante als Teenager in den Nachkriegsjahren zwei Jahre lang im Rotlichtviertel von Marseille herumgetrieben. Sein Junge konnte nicht einmal vernünftig abhauen. Der braucht doch einen Schulabschluss, sagte die Mutter. Der weiß doch nicht, sagte der Vater, ob man während mit h schreibt und wie viele Bundesländer die BRD hat, der kann weder auf Französisch konjugieren noch Dezimalbrüche. Jetzt will er nicht Popstar, sondern Schallplattenproduzent werden. Hockt in den Studios kleiner Plattenlabels, himmelt coole Leute an, die Gras rauchen, an E-Gitarren und Bandmaschinen hantieren. Aber, sagte der Vater, auch Schallplattenproduzenten sind Kaufleute, die müssen auch ihr Geschäft kennen.

Er vermittelte den Sohn an einen Freund, der einen Öko-Laden am Bodensee besaß. Nach sechs Monaten brach der Junge die Lehre ab. Er durfte das Korn abwiegen. An die Käsetheke hätte er aus Gründen der Hygiene erst im dritten Lehrjahr gedurft. Die Eltern waren entsetzt, als er eine zweite kaufmännische Lehre anfing. Warum denn schon wieder? Das hat dich schon beim ersten Mal zu Tode gelangweilt. Aber der Junge wollte kein Sonderfall mehr sein. Er wollte endlich so werden, wie es andere Menschen sind. Dieses Mal versuchte er es bei einem Groß- und Außenhandelsbetrieb in seiner Heimatstadt. So ein echtes Routine-Gesicht wollte er haben, wie die Kollegen, die in der Morgendämmerung ihre Opels auf dem Parkplatz abstellten. Die Schultern hochgezogen, die fröstelnden Hände in den Ärmeln, wenn sie darauf warteten, dass der Betrieb aufgeschlossen wurde. Später könne man dann erzählen, dass man etwas von der Pike auf gelernt und durchgehalten hatte. Die stupide Arbeit in den Hallen unter den Neonlampen, Kartons auspacken, Pullover sortieren und umsortieren – das könne er auch. Wöchentliche Berufsschule, Bilanzen lesen, Zehnfinger-Schreibmaschine. Normal.

Der Seniorchef erwischte ihn mit den Händen in den Hosentaschen. Er antwortete, dass der Juniorchef gerade mit den Händen in den Hosentaschen vorbeigeschlendert sei. Der Seniorchef schrie. Der Junge brach die Lehre ab, so normal ging dann doch nicht.

Am nächsten Morgen fand der Vater eine kurze Notiz am Badezimmerspiegel:. Hallo Papa, ich habe mich entschlossen, meine Lehre nicht weiterzumachen. Bitte weck mich nicht. Der Vater war ein sehr konsequenter Mensch, man muss die Dinge immer zu Ende bringen, der Sohn rechnete mit dem Schlimmsten. Er lag oben in seinem Bett und wartete. Hinter der Gardine beobachtete er den großen und würdigen Mann, wie er aus dem Haus ging. Lieber Sohn, du musst tun, was du für richtig hältst. Dein Papa. Das war lieb gemeint, aber der Junge blieb nicht mal bis Mittag. Wieder hörten die Eltern eine Zeit nichts mehr von ihm. Einmal rief ein alter Aussteiger-Freund, ein Künstler von der Insel Elba, bei ihnen an. Der Sohn hause in einem

Zelt auf seinem Grundstück im Pinienwald und spiele ständig herzzerreißende Melodien auf einer Bambusflöte. Ob der vielleicht depressiv sei? Der Vater sagte, Hans, beobachte ihn ein wenig, wenn es schlimmer wird, sag Bescheid. Und wenn du Geld brauchst, auch.

Eine Bar in der Karibik

Ein paar Schleifen musste ich zwar noch drehen, aber das Theater kommt näher. Noch trieb ich mich herum. Meistens in Italien. Versuchte auf der Ponte Vecchio mit der Gitarre deutsche Mädchen auf Bildungsreise in mich verliebt zu machen. Lebte von altem Brot und geklauter Salami und landete vollkommen pleite auf der Insel Elba. Meine Eltern hatten dort immer die Sommerferien bei Hans verbracht, eine Art künstlerischer Sektenführer, der sich dort ein beeindruckendes Anwesen und Atelier gebaut hatte. Seine malenden Freunde mieteten weiter unten in seinem Pinienwald zwei von ihm ebenfalls selbst gebaute Ferienhäuser im Bauhaus-Stil. Sie sprachen abends bei Rotwein und Haschisch über Kunst und Liebe. Der Maler mochte meine extrovertierte Mutter und ihre originelle Art, und sie fand den Maler viel aufregender als ihren Mann. Sie waren verliebt und mein Vater musste das aushalten. So war die Zeit. Ich zählte dort irgendwie zum Inventar, war schon als doofes Kind dort gewesen. Außerdem hatte der Maler eine drogensüchtige Tochter, was mir sehr imponierte.

Jetzt war da ein Redakteur der *Süddeutschen Zeitung*. Ihm durfte ich meine Gedichte vorlesen. Das war schon mal was. Einer, der mich ernst nahm. Er lud mich ein, ihn und seine Familie in München zu besuchen. Dort zog ich gar nicht mehr aus, las jeden Abend, wenn Georg von der Zeitung nach Hause kam, Gedichte und Essays vor und verursachte einen Unfall mit dem neuen Alfa Romeo. Dann schmiss Georg mich raus. Georg sagte, ich solle zum Theater gehen. Da würden Menschen wie ich hingehören. Er habe einen Kollegen, der sei ein einflussreicher Kritiker bei der *Süddeutschen Zeitung*, das wäre vielleicht was. Aha, Menschen wie ich? War das jetzt gut oder schlecht? Ich traf Georgs Kollegen, den pfiffigen Bernd mit dem charmanten Silberblick, im Restaurant Kulisse in der Maximilianstraße. Der kannte Schulte-Michels, den Oberspielleiter des Residenztheaters in München. Schulte-Michels schrie ins Telefon, der Bernd solle aufhören, immer seine schwulen Jungs zu schicken, und legte auf.

Alles wie immer. Ich fuhr heim. Das Heimathaus war bisher immer Anlaufstelle gewesen. Von hier aus tastete ich mich immer wieder in die fremde Welt hinaus, bekam eins in die Fresse und kam wieder heim und kam wieder heim und kam wieder heim.

Der, der immer wieder heimkam, war dieses Mal anders. Woran das lag? Ich habe viel darüber nachgedacht und würde hier gerne etwas besonders Kluges schreiben. Ich weiß es aber nicht. Wenn einer immer in Grönland gelebt hat und beschließt, eine Bar in der Karibik aufzumachen, dann muss er ja immerhin wissen, dass die Karibik existiert. Mehr wusste ich vom Theater bisher auch nicht. Nur das, und vielleicht den Satz von Georg: Leute wie ich? Das musste reichen. Ich hatte mir etwas fest vorgenommen. Theater. Was würde man dafür brauchen?

Oje, einen Schulabschluss. Als ich jetzt wieder zur Schule ging, war alles plötzlich so leicht und klar. Die Mutter lachte wissend und stolz. Natürlich, der ist doch Spätentwickler, als hätte sie das Programm dafür geschrieben. Ich war ausgehungert und begierig, meine Schulnoten zum ersten Mal prächtig. Die Lehrer waren ebenfalls ausgehungert und begierig. Sie fanden mich originell. In der Altstadt arbeitete eine hübsche Buchhändlerin, die mir Italo Calvino, György Konrád und Milan Kundera zu lesen gab. Und sie nachher wieder heimlich ins Regal stellte. Ich musste sie nicht bezahlen. Willkommen im Leben. So war das also, wenn man sich mit der Welt synchronisierte. Ich durfte etwas nachholen, was für andere selbstverständlich war. Frau Mattison, die Deutschlehrerin, war sauer, weil ich bei der Abi-Klausur nicht den Kleist nahm, den sie extra für mich ausgesucht hatte, sondern den Beckett. Ich lernte in diesen zwei Jahren mehr als jemals davor und danach. Ich war auf die Welt gekommen. Ich gründete eine Theatergruppe und führte *Biografie: Ein Spiel* von Max Frisch in der Schulaula auf. Ausverkauft, Applaus, Gänsehaut. Es ging wirklich: Theater! Auf die Idee wäre ich nie gekommen.

Arne, streck mal die Arme aus und dreh dich bei dem Monolog.

Warum? Ich weiß nicht, ist interessanter – jedenfalls besser. Aber du musst mir doch sagen, warum das interessanter ist, ich kann mich doch nicht einfach grundlos im Kreis drehen.

Warum eigentlich nicht, wenn es doch besser ist. Ich habe dennoch eine Begründung gesucht, damit Arne sich mündig fühlte. Weil du die Orientierung verloren hast. Weil du im Kreis gehst, weil du eine Richtung suchst.

Das mochte Arne. Später, als ich die Arbeiten von Robert Wilson bewunderte, habe ich gelernt, dass die eigenständigsten und mündigsten Schauspieler, wenn sie an das Projekt glauben, keine Begründung brauchen. Wenn es gut ist, erklärt es sich von selbst, kommt die Begründung von allein, sie kommt von außen nach innen.

Von außen nach innen

Woher weißt du das? Mich schrie der Schauspieler Michael Maertens an. Er hat von allen Menschen, die ich am Theater kennengelernt habe, den untrüglichsten Bühneninstinkt. Ich war verängstigt, ich stotterte, log, dass ich mir das vorher alles ganz klug ausgedacht hätte. Ich hatte einen riesigen Respekt vor ihm. Es war unsere erste Probe, Deutsches Schauspielhaus Hamburg, das durfte nicht schiefgehen. Er hatte schon vorher keinen Hehl daraus gemacht, dass er sich von der Arbeit mit mir nichts Großes erwarten würde. Bei unserer ersten Begegnung hatte ich ihn aus Angst zum Abschied jovial am Arm gestupst und aufmunternd gesagt: Wir schaffen das schon zusammen. Er antwortete: Ich mache das mit dir nur, weil ich die Rolle spielen will, ob du da jetzt bist oder der … (er nannte einen Regisseur, den alle total langweilig fanden), ist mir egal. Knallrot stand ich also vor ihm und glaubte, ich hätte komplett versagt. Den *Peer Gynt* am Schauspielhaus in Hamburg, den würde es mit mir als Regisseur nie geben. Dann lachte Maertens plötzlich und meinte, dass ich das missverstanden hätte. Ich habe ja mit allem recht gehabt. Alles, was ich versucht, erfunden und vorgespielt hätte, wäre super, er könne sich das alles sehr gut vorstellen. Er habe sich nur gewundert, woher ich das wüsste. Ich hatte darauf keine Antwort. Das gefiel ihm. Die Arbeit begann.

Darüber könnte ich ein eigenes Buch schreiben. Darüber, wie dieses Bühnengenie sich von außen nach innen und von innen nach außen arbeitet. Von innen nach außen arbeiten sich diejenigen Schauspieler, die sich aus einem tiefen inneren Verständnis der Figur, die sie spielen wollen, über die psychologische Identifikation mit der Rolle, in sie hinein verwandeln. Und es gibt andererseits Schauspieler, die zu ihrer Figur von außen nach innen kommen. Sie suchen den Habitus, den Tick, die Körperlichkeit. Wie die Figur den Stock hält und wie stolz sie ihren Buckel trägt. Dann verstehen diese Schauspieler, wie die Figur ist, die sie spielen wollen. Sie spielt sich dann fast selber. Prinzipiell ist es mir wurscht, mit welcher Methode Schauspieler ihr Ziel erreichen. Ob von innen oder von außen.

Michael Maertens hat mich am meisten fasziniert. Wie er sich auf filigrane Art in das Bühnengeschehen eingeflochten hat. Wie er Verantwortung für alles übernahm, was in jedem Moment dort verhandelt wurde. Kollegen, die im Spiel auf Augenhöhe kamen, wie Maria Happel, Nicholas Ofczarek oder Birgit Minichmayr, liebte er hingebungsvoll. Kollegen, denen alles schwerer fiel, baute er unsichtbare kleine Trittbretter, damit sie, ohne es selbst zu merken, zu ihm hinaufkamen. Legte kleine Trampelpfade an, auf denen sie sich sicher bewegen konnten, und installierte unmerkliche Talentverstärker. Dann konnte es sein, dass er Pointen, die er instinktiv für sich ertastet hatte, um der Situation willen dem Kollegen opferte. Meist, wenn der sich dann selber dafür rühmte, grinste Michael Maertens von der

Bühne zu mir runter, weil er wusste, dass ich es gemerkt hatte. Mehr, als mit jeder Faser von Körper und Seele Theater zu sein, geht nicht.

Bei diesem herrlichen Schauspieler erlebte ich oft genug, dass er um 17.00 Uhr an der Theaterkasse anrief und fragte: Wie sind wir heute verkauft? Er will wissen, ob das Publikum kommt. Davon lebt er.

Glück ist hinter der Tür

Meine Mutter sagte, das mit der Theatergruppe in der Schule sei eine gute Idee gewesen, das hätte der Georg aus München schon vorausgesehen. Aber vielleicht wolle ich mich mal um eine Hospitanz in einem richtigen Theater bewerben? Es gibt da ein ganz bedeutendes Theater in Berlin. Peter Stein ist dort der ganz bedeutende Regisseur. Darüber habe sie gelesen, da solle ich mal nachfragen. Von meinem freundlichen Schuldirektor bekam ich fünf Tage berufsorientierenden Urlaub.

Der Pförtner der Berliner Schaubühne war neugierig. Daran merkt man, wie ein gutes Theater funktioniert. Er fragte am Telefon den Chefdramaturgen, ob er sich nicht Zeit nehmen könne. Der war sehr freundlich. Warum ich denn zum Theater wolle, warum ich jetzt hier bei ihm sei und was ich denn bisher am Theater gesehen habe und wieso ich mich qualifiziert fühle. Ich hatte auf all das keine Antworten. Er lachte:. Jetzt machen Sie doch erst mal Ihr Abitur und studieren Theaterwissenschaft bei dem bedeutenden Professor Henning Rischbieter. Lesen Sie und lernen Sie und wenn Sie mich dann in zwei Jahren wieder besuchen, dann werde ich mich bestimmt an Sie erinnern, okay? Ich fand das okay. Etwas, das immerhin in der Zukunft stattfinden würde. Normalerweise brach mir das meiste ja immer in der Gegenwart kaputt. Aber genauso hatte ich mir das mit dem Theater vorgestellt. Hingehen und los geht's.

Ich ging hinaus auf den Ku'damm, aber eigentlich war nichts losgegangen. Was machen mit den nächsten viereinhalb Tagen? Ich schaute mich um. Ein Taxistand. Ich fragte den Taxifahrer, der das mit der Berufsberatung sehr ernst nahm. Was für ein Theater ich suche, so eines wie dieses, oder eher Musik? Ich dachte kurz nach. Ja, vielleicht so eines wie dieses. Ich war in meinem Leben bisher vielleicht fünfmal im Theater gewesen. Der Dramaturg an der Schaubühne hatte mir gut gefallen. Er hatte mir Zukunft versprochen. Der Taxifahrer sagte, da runter, dann links in die Schlüter und dann bist du schon am Schiller.

Der Pförtner am Schillertheater schaute mich verständnislos an. Was wollen Sie? Was ist das denn, Hospitanz? Na, denn geh'n Sie mal ins KBB (Künstlerisches Betriebsbüro). Das war der Unterschied zwischen einem gut geführten Theater und einer riesigen Maschine wie dem Schillertheater. Herr Fleischauer im Betriebsbüro war vielleicht krank, Herr Specht war vielleicht auf dem Klo, jedenfalls stand ich eine Zeit lang ratlos vor dem leeren Büro, wo man mich hingeschickt hatte, um mich abzuwimmeln. Ich wurde ungeduldig. Auf dem Messingschild der Nebentür stand »Künstlerische Direktion«. Na ja, die müssen ja zuständig sein, dachte ich mir, klopfte an und stand schon drin. Da saßen viele Menschen um einen großen Tisch und hatten die Köpfe wichtig zusammengesteckt. Ich störte. Können Sie mir bitte sagen, wie ich bei Ihnen Hospitant werde? Genervte Köpfe drehten sich. Ich möge mich gefälligst schriftlich bewerben.

Auf dem Weg vom Pförtner in den dritten Stock war etwas geschehen. Mir war beim zweiten Eintritt durch die Hintertür plötzlich klar geworden, dass das Theater der Ort sein würde, an dem mein Leben losgehen sollte. Endlich. Es gab ein paar Dreh- und Angelpunkte in meinem Leben, die sich sofort so anfühlten, als ob sie Dreh- und Angelpunkte sind. Ich kann sie ganz genau benennen. So war das jetzt. Ich stand also im Büro der künstlerischen Direktion, man schickte mich hinaus. Ich ging aber nicht. Ich war selbst verblüfft. Ganz gewiss würde ich nicht gehen. Ich blieb stehen.

Ich würde schon sagen, dass ich Glück gehabt habe. Ich habe aber nicht darauf gewartet, dass mich Glück findet. Als ich wusste, dass ich ans Theater gehöre, habe ich versucht, jede verschlossene Tür aufzustoßen. Und es gab jede Menge Flure mit verschlossenen Türen. An je mehr verschlossenen Türen ich rüttelte, desto größer wurde für mich die Wahrscheinlichkeit, dass sich eine davon öffnen und sich Glück dahinter finden ließe. Ich konnte mir nicht vorstellen, dass das nicht irgendwann funktionieren würde. Dadurch gab es keine Misserfolge, nur Umwege in noch mehr Flure mit noch mehr verschlossenen Türen. Heute kommt mir das völlig unmöglich vor. Nie wieder würde ich das so machen. So blöd ist doch keiner. Ich würde alles tun, dass meine Kinder diesen Weg nicht gehen.

Solche Biografien gibt's am Theater oft. Eltern, die unbedingt wollten, dass er / sie den Betrieb übernimmt. Oder die das machten, was ihnen bei der Berufsberatung empfohlen wurde, weil das gute Erfolgsaussichten hätte. Meistens gab es jedoch eine Energie, die sie, wie auf geheimen Wegen, zum Theater geführt hat. Klar, es gibt auch die Einserschülerin, Tochter von Gymnasiallehrern, die, weil sie alles andere am besten kann, auch noch unbedingt Schauspielerin werden muss, um ihre Schüchternheit zu überwinden. Gibt's übrigens ziemlich viele. Aber die meine ich nicht. Ich meine die Spinner, die nicht anders können, die hundert Umwege gehen und denen trotzdem kein anderer Ausweg bleibt, um zu überleben.

Geht man zum Theater, um sich dort künstlerisch auszudrücken? Das geht auch mit Malen, Schreiben oder Geige spielen. Schauspieler wollen sich verstellen und Situationen erzeugen. Und Regisseure Geschichten erzählen und Welten entwerfen. Natürlich, geschenkt, aber das ist nur die Hälfte. Sie wollen Publikum, sie wollen Menschen überzeugen, ihnen zuzuschauen, sie haben eine Sehnsucht nach Publikum. Mehr als Kunst ist Theater Kommunikation. Ich kenne Menschen, die das Theater als Ort brauchen, um überhaupt mit ihrer Umwelt zu kommunizieren. Da steht weniger der Gestaltungswille und die Kunst im Vordergrund, sondern die Not zur Kommunikation. Menschen wie der berühmte Autor, Schauspieler und Regisseur Einar Schleef, der im normalen Leben stotterte und auf der Bühne frei sprach. Es gibt diese Pointe, dass der Staat gut daran täte, die Theater so hoch zu subventionieren, weil er das Geld sonst in medizinische Betreuung investieren müsste.

Das Theater wurde mein Ort und Fluchtpunkt. Das beginnt schon mit dem Gebäude. Jedes Theater zieht mich an. Auch in fremden Städten finden sie mich. Plötzlich stehe ich vor ihnen. Ah, rufen meine Kinder, Papa hat wieder ein Theater gefunden. Ich liebe diese Gebäude. Das ist doch …, das kann doch nicht wahr sein …, gibt es hier ein Theater? Es sind Lebewesen, jedes mit einem eigenen Charakter. Hässlich, sperrig, romantisch, archaisch, sexy, akademisch. Nachts bin ich oft vor den Theatern gestanden, die ich leitete, und habe sie angestaunt. Habe geschaut, ob sich Staub auf den Fotos in den Schaukästen gesetzt hat oder ob alle Glühbirnen brannten. Habe die Mauern gestreichelt und Zigarettenstummel aufgesammelt.

Das Burgtheater hat mich fassungslos gemacht.

Die Foyers und Garderoben, wie das alles magisch Erwartung schürt, bis die Türen sich öffnen. Dahinter der Saal, in dem, wenn es ganz still ist, aus dem Nachhall großer Texte, aus Schicksal, Liebe, Sterben, Hoffnung, Sinn und Verzweiflung und dem Brausen des begeisterten Publikums ein kaum hörbares Knistern übrig bleibt. Nach einer Premiere bin ich immer noch einmal zurück, habe mich an die Rampe gesetzt und in den Zuschauerraum gelauscht. Er knistert wirklich.

Das wurde meine Heimat. Das Publikum wurde meine Heimat. Weil es mich aufnahm. Draußen war ich immer ein Fremdling gewesen, immer trotzig und ein Angeber. Ich musste viele Umwege gehen, um klüger zu werden. Zu viele. Oft war's schwierig. Beim Feuilleton habe ich polarisiert. Das hat sich so entwickelt. Natürlich liegt das an mir. Als es endlich losging, konnte es nicht schnell genug gehen. Wahrscheinlich hat sich dadurch, dass mein Leben mich so lange in die falsche Richtung gezerrt hatte, eine Ladung, eine Spannung aufgebaut wie bei einem Bungee-Seil. Endlich losgelassen, katapultierte es mich nach vorn, als könnte ich die Zeit wieder einholen, die ich vorher vertrödelt hatte. Bei dem Tempo hatte ich gar keine Zeit, darauf zu achten, dass der Weg zu Erfolg und Bedeutung am Theater im mythischen Sinne bewacht wird, wie der Heilige Gral.

Dort standen einerseits die grauen und eifersüchtigen Jürgen Flimms und bewachten ihr ruhmvolles Erbe, andererseits die wirklichen Gralshüter der Bedeutung, die Theaterkritiker, die ihre heilige Daseinsberechtigung aus dieser Zuständigkeit schöpfen. Sie zu umlaufen, ist Frevel. Sie wollen gefragt und ernst genommen werden. Die rituellen Prüfungen sind Bescheidenheit und Demut. Nicht, wie ich, im schicken Cabrio, stolz, eitel und gar noch trotzig auf dem Parcours des Erfolges Powerslides performen. Außerdem wird ein gesellschaftspolitisches Anliegen geprüft, welches künstlerisch erlitten werden muss. Das alles habe ich ignoriert. Ich habe mich gefreut: auf mein großes, tolles neues Leben, auf meinen Erfolg und auf genug Geld für ein schönes Auto.

Angekommen. Hase.

Ich wusste also, ich war im Theater angekommen. Die erste Hürde tat sich auf. Obschon man mich gebeten hatte, wieder zu gehen, blieb ich im Schillertheater auf der Schwelle des Büros mit der verheißungsvollen Aufschrift »Künstlerische Direktion« stehen und wartete. Die Wichtigen schauten wieder vom Tisch auf oder drehten sich zu mir um. War der jetzt verrückt, asozial oder gefährlich? Was machen Sie denn noch hier? Ich sagte, ich sei extra aus Osnabrück gekommen. Alle lachten. Ich wolle doch nur in den verbleibenden viereinhalb Tagen, die ich von der Schule frei bekommen hätte, um einen beruflichen Orientierungsurlaub zu machen, etwas über das Theater erfahren. Und ich würde gerne Hospitant werden. So geht das nicht, junger Mann, sagte Frau Dr. Wiegenstein, die neben meinem späteren Vorgänger am Burgtheater, Klaus Bachler, saß. Aber ich blieb in der Tür stehen und bettelte weiter. Gehen würde ich auf keinen Fall, das war mir klar. Ich wolle nicht in Stapeln von zahllosen Bewerbungen verstauben, jetzt, wo ich doch schon mal da sei. Anna Mühlhöfer musste grinsen. Wo wohnst du denn hier in Berlin? Bei einem Freund. Kann man dich dort erreichen? Selbstverständlich. Gut, dann schaue ich mal, ob ich etwas für dich tun kann.

Das war der Satz. Da war es schon wieder, dieser Moment, der sich genauso anfühlt, als ob es so ein Moment ist.

Mein Freund in Berlin wollte abends ausgehen. Als hinge mein Leben davon ab, blieb ich vor diesem kleinen grauen Telefon mit Wählscheibe sitzen und nahm es auch mit aufs Klo. Am vorletzten Tag rief Anna an. Ob ich schon einmal assistiert hätte. Ja, log ich sofort. Aha, na dann komm doch mal vorbei.

In der Sitzung mit den gewichtig schauenden Leuten war gerade darüber gesprochen worden, dass der Intendant dringend einen neuen Assistenten brauchte. Ausgerechnet in dem Moment, als ich in der Tür stand. Der Intendant des Schillertheaters in Berlin war eine sehr beeindruckende Figur. Er hatte drei Fahrer in jeweils achtstündigen Schichten, ein Dupont-Feuerzeug und eine Cartier-Brille. Er hatte zwei Vorzimmer mit Plüschteppichen und leise sprechenden, strengen Damen. Er sprach immer darüber, dass ihm sein eklatantes Bedeutungsdefizit beim Feuilleton nichts ausmachen würde und zuckte mit den Schultern. Dass ich eine Lehre zum Einzelhandelskaufmann gemacht hatte, beeindruckte ihn. Dass ich sie abgebrochen hatte, verschwieg ich ihm. Ich dürfe kommen, sofort anfangen. Wie bitte? Unglaublich! Aus mir war doch bisher nichts geworden und jetzt war ich nicht nur nicht Hospitant und hatte nicht nur nicht studiert, ich durfte alles überspringen und Assistent werden, am Schillertheater in Berlin, dem größten Theater der Welt. Ach so, dann war das ja jetzt klar: Alle Umwege und Sackgassen meines bisherigen Lebens machten plötzlich Sinn. Auch fühlte ich mich so daheim. Wieso ging vorher nix und jetzt wusste ich plötzlich, was ich tun musste? Als wäre ich in einem früheren Leben Pilot gewesen und säße jetzt zum ersten Mal im Cockpit eines Jumbojets. Mir schien alles intuitiv klar zu sein, welche Knöpfe ich drücken müsste, damit das Ding fliegt, die Paneele mit Schaltern, die Displays. Wie im Schlaf. Ach was Fliegen, ich würde Loopings machen. Mit einem Jumbo – kein Problem. Ich wusste, ich war angekommen.

Ihnen ist aber klar, dass Sie sofort anfangen müssen. Ja, was mache ich dann mit meinem Abitur? Darauf hatte ich jetzt fast zwei Jahre hingelebt. Es fehlten nur noch ein halbes Jahr und ein paar mündliche Prüfungen. Nein, sagte die Wiegenstein, Sie kommen jetzt sofort oder gar nicht.

Das Glück war gewonnen, wie es auch wieder zerronnen war. Wer könnte mir helfen? Mein Schuldirektor sicher nicht. Der konnte mir schließlich nicht erlauben, ein halbes Jahr vor den anderen aus der Schule zu gehen und mir gleichwohl das Abitur geben. Die ganze Zeit umsonst die Schule wiederholt oder jetzt diese einmalige Gelegenheit sausen lassen? Dass das eine einmalige Gelegenheit war und meinem Leben die entscheidende Wende geben würde, das stand außer Frage. Dreh-und-Angelpunkt-Moment. Ich setzte eine tapfere Miene auf, um mir nichts zu verderben, und versprach am Schillertheater, in drei Tagen zurück zu sein, ich müsse nur kurz meine Sachen holen.

Ich fuhr nach Hannover. Um dort anzukommen, bevor das Kultusministerium schloss, fuhr ich ein wenig zu schnell auf der Transitautobahn durch die ehemalige DDR und überholte einen Lada von der Volkspolizei. Ich weiß nicht, warum ich ihnen erzählte, dass ich es sehr, sehr eilig hätte, weil ich zum niedersächsischen Kultusministerium wolle, weil ich eine einmalige Chance hätte, am Schillertheater Assistent zu werden und weil niemand mir helfen könne, niemand, außer dem Kultusminister von Niedersachsen, weil er der Chef von meinem Schuldirektor war. Verständnislos und ohne jeden Humor schauten sie auf diesen West-Buben, der ihnen zutraulich von den Chancen seines Lebens erzählte, weil er hoffte … Sie ließen ihn eine Stunde lang nicht los. Es kostete 50 Westmark und ich kam viel zu spät in Hannover an. Ein Taxifahrer – warum eigentlich immer wieder ein Taxifahrer? – zeigte mir den Weg. Manchmal würde ich gerne so einen Taxifahrer wiedertreffen, um ihm zu sagen, was ich ihm verdanke. Er wird das hier vermutlich nicht lesen, schade. Manchmal war es nur eine kleine, aber sehr entscheidende Geste. Dieser Taxifahrer jedenfalls, der in die notgeweiteten Augen eines Renault-16-fahrenden Teenagers blickte und sagte, ich fahre vor zum Schiffgraben, hat in meinem Leben eine ganz entscheidende Bedeutung. Der Pförtner des Kultusministeriums von Niedersachsen bedauerte ausdrücklich, dass er mir nicht helfen könne. Für so was brauche man einen Termin. Ich könne da jetzt nicht einfach … und dann bin ich schon an ihm vorbeigerannt. Halt, junger Mann, wo wollen Sie denn hin, haaalt! Vorbei an der zufällig geöffneten Schleuse aus Panzerglas, die waren damals wegen der Terroristen überall installiert worden, und weiter das Treppenhaus hinauf. Weißes Fünfzigerjahre-Gestänge mit roter Reling. Immer hinauf und hinauf. Es gab keine andere Chance. Im obersten Stockwerk war eine gepolsterte Chef-Tür, wie man sie aus Filmen mit Louis de Funès kennt. Ich klopfte. Sind Sie der Kultusminister? Ja, worum geht es denn? Jetzt kam der schwer atmende Pförtner. Entschuldigung, Herr Dr. Oschatz, der junge Mann ist einfach an mir vorbeigerannt. Worum geht es denn, fragte der Minister. Sie setzen sich erst mal, er beruhigte den

Pförtner, öffnete die Schreibtischschublade und gab mir ein Hustenbonbon. Als ich ihm alles erzählt hatte, runzelte er gütig die Stirn, so wie Minister immer ihre Stirn bei der Berufsberatung amoklaufender Abiturienten runzeln, und sagte: Das geht natürlich nicht. Aus der Traum. Natürlich können Sie jetzt ans Schillertheater nach Berlin gehen und dort Ihren Traumjob antreten, aber dann müssen Sie auf das Abitur verzichten. Sicherlich gäbe es solche Chancen aber im Leben nicht nur einmal, ich sei jung und das käme mir nur so vor. Aber Herr Dr. Oschatz, Sie haben doch das Punktesystem erfunden. Ich habe schon genug Punkte für ein gutes Abitur, selbst wenn jetzt keine mehr dazu kommen. Zu den mündlichen Prüfungen kann ich ja anreisen. Null Punkte darf man in keinem Fach haben, sonst fällt man durch, erinnern Sie sich? Spitzfindig erfand ich einen Weg, wie ich mit nur einem Punkt pro Fach vorzeitig beurlaubt werden könnte, ohne mein Abitur vollends aufgeben zu müssen. Er schaute wieder sehr stirnrunzelig, das Schicksal machte kurz Pause. Ja, wenn Ihr Schuldirektor damit einverstanden ist, murmelte der Minister. Ob er damit einverstanden war? Mein Schuldirektor kam mit vor Aufregung ganz roten Wangen und einem Fax vom Minister des Landes Niedersachsen höchstpersönlich zum Schulparkplatz heraus. Er hatte schon auf mich gewartet. Zwei Tage später fuhr ich nach Berlin, um mein neues, mein wirkliches Leben zu beginnen.

In dem großen Almanach *Wie entsteht Theater*, aus dem meine Freundin aus der Buchhandlung am Telefon vorlas, steht, ein Regieassistent habe alles mitzuschreiben, was der Regisseur sagt. Und auch den Probenplan zu erstellen. Das schien ja nun kein Hexenwerk zu sein. Also schrieb ich auf, was der Intendant sagte. Verena, du musst etwas leiser … Verwundert schaute der Intendant neben sich auf seinen neuen, alles aufschreibenden Assistenten. Er hatte einen Dilettanten engagiert. Ich war in Panik. Wann würde ich auffliegen? Was würde dann passieren? Wäre wieder alles vorbei? Wie immer. Der Intendant verabschiedete sich am Ende der Probe mit den Worten: Wir wiederholen den Dritten, du staffelst so, dass wir um circa halb eins beim Schmidinger sind, den Rest nach Ansage, abends auch. Ich hob die Augenbrauen, zog die Stirn wissend in Falten, nickte anerkennend zu dem klugen Plan, als hätte ich verstanden, versuchte mich hinter meinem Bleistiftspitzer zu verstecken. Als alle gegangen waren, schaute ich ratlos in den Flur, niemand, den ich fragen konnte. Also vertraute ich mich einer Putzfrau an, die mich aber nicht verstand. Wenn Menschen am Theater etwas nicht verstehen, schicken sie einen ins Betriebsbüro. Diesmal waren Herr Fleischauer und Herr Specht beide in ihrem Büro. Ich öffnete mit gespieltem Selbstvertrauen die Tür und sagte den Text des Intendanten auf: Wir wiederholen den Dritten, du staffelst so, dass wir um circa halb eins beim Schmidinger sind, den Rest nach Ansage, abends auch. Dann zog ich ganz schnell die Tür wieder zu. Geschafft? Nein, ich flog auf. Moment, sagte der eine. Den Probenplan, den machen nicht wir! Den macht der Assistent. Du bist der Neue, nicht wahr? Zwar durfte ich bleiben, aber ich musste leiden, zwei bittere Jahre lang, ein Martyrium.

Der Spott klebte an mir und blieb auch noch kleben, als ich bereits der beste und gewissenhafteste Regieassistent geworden war. Vor einiger Zeit erzählte mir ein Regisseur, für den ich mal gearbeitet habe, eine Geschichte, die ich längst vergessen hatte. Zu ihm auf die Probe sei mal ein Bühnentechniker gekommen und habe gefragt, wer denn eine Wurstsemmel bestellt habe? Der Regisseur beschwerte sich, er habe seinen Assistenten, also mich, vor einer Stunde deswegen in die Kantine geschickt. Ja, antwortete der Techniker, dort sei der Assistent, weil er sich so beeilt habe, auf der Treppe herunter zur Kantine mit dem Kopf oben am Türstock angestoßen und wäre ohnmächtig ins Spital gebracht worden. Kaum erwacht, habe er der Krankenschwester aufgetragen, in der Kantine des Schillertheaters anzurufen, und jetzt sei die Wurstsemmel da.

Der Kieler Generalintendant bat mich zu sich ins Büro. Petra, die Oberspielleiterin, habe sich über mich beklagt. Ich sei nie da. Ich fragte, ob sonst etwas fehlen würde. Im Gegenteil, meinte der, alles sei immer da, was gebraucht würde, aber ich selber komme immer erst hinter irgendeiner Stellwand hervor, wenn man mich riefe. Mir fiel keine Ausrede ein. Ich sagte die Wahrheit. Es sei mir so unerträglich, dass ich mich verstecken müsse. Immer wenn es doch ganz klar sei, dass hier ein Licht durch die halbgeöffnete Tür Spannung erzeugen müsse, blieb es bei der Oberspielleiterin dunkel und die Tür geschlossen. Immer wenn Ruhe herrschen müsse, würde bei ihr gebrüllt. Alles immer falsch, instinktlos. Der Generalintendant lachte.

Wird Zeit, dass Sie selber inszenieren.

Alles, weil ich Porsche fahre

Aus mir wäre jetzt etwas geworden, sagte ich dem pfiffigen Bernd von der *Süddeutschen Zeitung*, den ich durch Georg vor ein paar Jahren im Restaurant Kulisse auf der Maximilianstraße in München kennengelernt hatte. Und tatsächlich, er konnte sich an mich erinnern. Aber Kiel war zu weit weg. Er schickte mir einen Korrespondenten aus Hamburg und der fand's super. Überregionales Lob in der *Süddeutschen Zeitung* für eine Studio-Inszenierung in Kiel, wieso das denn? Die Branche merkte auf.

Jetzt war ich Regisseur und fräste mich durch die Welt der Stadttheater. Krefeld, Mainz, Wiesbaden. Gelegentlich rief ich wieder den pfiffigen Bernd in München an und sagte, dass es sich lohnen würde, weil das ganz schön geworden sei, was ich da inszeniert hätte. Er schickte mir wieder Korrespondenten. Ich verstand das so: Die würden auch Aufträge von ihm bekommen wollen und es ihm vor allem recht machen, und das schien eher zu funktionieren, wenn die Kritiken für mich tendenziell positiv waren. Das hatte aber ebenfalls zur Folge, dass ich von seinen Feinden, und er hatte sehr gerne viele Feinde, immer kräftig in den Arsch getreten wurde. Das war der Preis. Damals hatten die Kritiker großer Zeitungen ihre Protegés. Ich wurde der Protegé vom pfiffigen Bernd, was in der Theaterwelt später auch erhebliche Nachteile mit sich bringen sollte. Er war eitel und bedeutungssüchtig, wie alle am Theater, und polarisierte gern. Er schrieb herrlich und nahm es gern mit den ärgsten Gegnern auf. Er ärgerte und verhöhnte sie, scheuchte sie, rächte und empörte sich. Seine Feinde waren jetzt automatisch meine Feinde. Und da er überhaupt kein Problem damit hatte, seine Feinde mit der Macht der *Süddeutschen Zeitung* zu bekämpfen, da er sogar Lust darauf hatte, sie vorzuführen und mit hervorragend gespitzter Feder zu schmähen, bekam ich stellvertretend für ihn in den anderen großen Zeitungen wie FAZ, *Frankfurter Rundschau* und *Zeit* immer und immer mehr Prügel. Und das war nicht schwer, weil ich genug Angriffsflächen bot.

Einmal schickte er eine Korrespondentin nach Mainz, um meine Inszenierung von Dürrenmatts *Play Strindberg* mit der *Totentanz*-Aufführung vom Intendanten des Theaters in Mannheim zu vergleichen. Ich war der haushohe Gewinner. Kurze Zeit später erhielt ich eine Einladung von diesem Mannheimer Intendanten. Ich war sehr aufgeregt, weil ich ja jetzt vielleicht eine Inszenierung bekommen würde. Das war immer das Wichtigste, auf der Welle des Erfolges weiterzureiten, solange ihre Dünung hielt. Der Intendant ließ mich lange warten. Dann versammelte er die ganze Dramaturgie, einschließlich der Sekretärinnen, zu einer veritablen Runde, die ihm geneigt zuhören musste, und hielt mir eine Standpauke. Sie handelte davon, dass es lächerlich, dumm und arrogant von mir sei, in der *Süddeutschen Zeitung* bessere Kritiken zu haben als er. Das sei auch ganz ungewöhnlich. Schließlich mache er alles richtig. Wie ich denn da so säße, mit meinem weißen Hemd und meiner Lederjacke, und erst wenn uns, also meiner ganzen Generation, die toten Robben auf die Terrasse gespült kämen, würden wir verstehen, dass wir die Welt kaputt machen. Ich wartete immer noch auf ein Inszenierungsangebot und das taten auch seine Dramaturgen und deren Sekretärinnen, aber es gab keines. Nur diese Standpauke und dann konnte ich mich wieder trollen.

Dieser Archetyp eines gesellschaftlich engagierten Theatermachers ist leicht auszumachen, weil er eigentlich ausnahmslos Saab (oder vielleicht noch Volvo) fährt. Meine Eltern hatten zwar nicht am Theater gearbeitet, sie waren aber auch wohlhabende, salonlinke Weltverbesserer, die mit dem Kauf eines Saabs zeigen wollten, dass sie nicht zeigen wollten, wie viel Geld sie für den Kauf ihres Autos ausgaben. Ein Saab kostete genauso viel wie ein Mercedes. Perfide Eitelkeit. Ich habe sie früher immer verachtet, wenn sie mir erklärten, wie das Ozonloch entsteht und mich dann jeden Tag mit dem Auto 27 Kilometer zur Waldorfschule brachten. Gegen diese Doppelmoral war ich allergisch. Diese Leute, diese Theatermacher mit ihren Häusern auf Mykonos und den riesigen Altbauwohnungen in den Metropolen sagen der Welt da draußen mittels des Theaters fortwährend, was die Welt augenscheinlich noch nicht weiß, dass nämlich Ungerechtigkeit ungerecht ist und Macht böse macht. Allein durch die Tatsache, dass sie das auf einer subventionierten Bühne kundtun, erhalten sie ein Alibi für ihre schizophrene Existenz. Nirgendwo wird einem dieser verlogene Tugendschmalz unerbittlicher aufgetischt als im deutschen Stadttheater. Sie bekommen dafür Anerkennung und Bedeutung. Nicht vom Publikum, sondern vom Feuilleton. Und das war damals politisch immer links. Und wenn ich das schreibe, bin ich für sie rechts. Wie weit rechts ist eigentlich nicht links? Das wollte ich erst recht nicht sein. Aber so wie die sein, das wollte ich auch nicht. Und auch nicht so aussehen wie ein Mensch, der deswegen so aussieht, wie er aussieht, weil er moralisch und künstlerisch auf der Seite der Gerechtigkeit steht. Dann lieber Jaguar fahren oder einen Porsche. Das kam mir ehrlicher vor. Ich habe sogar überlegt, ob ich das Buch nicht *Alles, weil ich Porsche fahre* nenne. Für diese Einstellung gab es in der Branche Neid, Wut und Verachtung. Aber worüber genau ärgerten sie sich? Über mich oder über meinen Porsche? Wie dumm und lächerlich war das denn? Aber es machte mich trotzig. Dieser Trotz erzeugte einen Teufelskreis, in dem ich lebenslang gefangen blieb. Immerfort und von überall sah ich Flinten, die im Anschlag auf mich gerichtet waren. Und so sollte ich zu einem Hasen werden, der auf der Theaterwiese Haken schlägt.

Es hatte sich herausgestellt, dass es ganz sinnlos war, sich schriftlich an Theatern zu bewerben. Meine Methode war anders. Ich schrieb, dass ich an einem gewissen Datum in der Nähe sei und gerne einmal den Kopf hereinstecken wolle, um mich vorzustellen. Eine Antwort bekam ich natürlich nicht, erwartete ich auch nicht. Ich fuhr also einfach hin und berief mich auf mein Schreiben. Ich war in meinem BMW unterwegs durch die Republik, wie ein Handelsvertreter auf Akquise-Tour. Die Intendanz-Sekretärinnen waren entweder nett, oder sie wussten nicht mehr, ob sie hätten antworten sollen, oder ob sie vielleicht sogar geantwortet hatten und deswegen jetzt ein schlechtes Gewissen haben sollten. So käme ich dann vielleicht zum Chef. Meistens klappte das nicht, manchmal aber eben doch. In Marburg sagte die Sekretärin, es könne vielleicht noch ein wenig dauern, bis sie mich irgendwo terminlich dazwischenklemmen könne, aber es würde schon klappen. Drei Stunden saß ich auf einer Holzbank in einem alten Fachwerkbau und schaute durch die Milchglasscheiben den Bewegungen des Intendanten in seinem Büro zu. Dann öffnete sich die Tür und ein Herr mit Tennisschläger ging an mir vorbei. Ach ja, sagte die Sekretärin, den habe ich noch vergessen, der wollte sich bei uns bewerben. Zu spät, meinte der Intendant mit einem kleinen Hinweis auf den Tennisschläger. Und dann sagte er schließlich: Na gut. Wenn Sie schon mal da sind, sehen Sie das Auto dort? Ein Saab. Sie sehen ja, ich muss zum Tennis – Sie erzählen mir jetzt sehr schnell alles, was ich über Sie wissen muss, bis wir bei dem Auto angekommen sind. Mehr Zeit gibt's nicht. Dann entscheide ich. Los geht's. Ich redete wie ein Weltmeister. Erzählte von meinen vier Assistenzjahren, den Regisseuren, mit denen ich gearbeitet hatte, und von meinen ersten Inszenierungen in Kiel, Krefeld, Mainz. Wir waren bei seinem Saab angekommen. Also, junger Mann. Er hob anerkennend die Augenbrauen. Sie können hier vielleicht noch einiges lernen. Wenn Sie noch einmal Lust haben, zwei weitere Jahre zu assistieren, ich kann Ihnen zwar nichts versprechen, aber dann besteht die Möglichkeit, dass Sie das Weihnachtsmärchen bei uns machen können. Wir haben da eine ganz passable Sporthalle, die wir mit schwarzem Molton abhängen. Budget gibt's keines. Wir machen das nicht mit Schauspielern, sondern mit ambitionierten Laien, da gibt es in Marburg eine gewisse Tradition. Den kommenden Winter wird das nichts, da habe ich schon jemanden, aber im darauffolgenden … Der Intendant legte seinen Tennisschläger auf den Rücksitz vom Saab, sprach noch ein wenig weiter und schaute plötzlich auf. Ich war nicht mehr da. Ich hatte mich in meinen 5er-BMW gesetzt und fuhr an ihm vorbei. Jedes Mal, wenn ich auf der A45 an Marburg vorbeifahre, denke ich an ihn und hebe meinen Mittelfinger. Nie wieder Assistent.

Boy Gobert, Tod in Wien

Wie gerne wäre ich Boy Gobert begegnet. Aber leider war der schon tot. Alles, was ich über Boy Gobert in Erfahrung bringen kann, fasziniert mich. Ein Theater- und Filmschauspieler, Regisseur und Vaterfigur für seine Theater, mit tiefer Poesie und Ambivalenz, der überhaupt keine Berührungsängste mit dem Boulevard hatte. Heute *Mephisto* und morgen *Pension Schöller*. Er galt als der uneingeschränkte Herrscher seiner Häuser, aber er leitete sie mit so viel Ernst, künstlerischem Instinkt und hohem Sinn für Gerechtigkeit, dass ihm alle gerne gefolgt sein sollen. Viele Berufe haben ein Ethos. Für Ärzte gilt der Hippokratische Eid, für den hanseatischen Kaufmann der Handschlag und für gute Journalisten sollten die genaue Recherche und der Faktencheck gelten. Im Theater verspricht man Schauspielern ihre Rollen nicht in der Kantine, sonst wird dort ein Marktplatz eröffnet, und das Schachern der Narzissten übernimmt schnell den ganzen Betrieb. Zu diesem Ethos gehört, dass ein Hauptdarsteller gelegentlich auch kleine Rollen spielen muss, um das soziale Gefüge eines Ensembles zu stützen. Dass Kunst nicht ideologisiert wird und nichts anderes zählt als Qualität. Und dass das Publikum immer eine der Hauptrollen am Theater übernimmt.

Das Theater ideologisierte sich jedoch in den 60er- und 70er-Jahren. Schlaue Dramaturgen und Intendanten erkannten die politische Macht des Feuilletons und wie man damit Bedeutung erzeugt. Und das Feuilleton dankte es ihnen mit allem, was es an politischer Macht zurückgeben konnte. Mit Bedeutung wurde man für Erfolg bezahlt, nicht mit dem Applaus des Publikums. Es wurde sortiert, wer dazugehörte und wer nicht. Boy Gobert jedenfalls nicht, er gehörte zum Establishment. Seine polyperspektivische Haltung dem Theater gegenüber hatte etwas Sentimentales und trug ihm viel Prügel ein. Aber er wehrte sich tapfer. Als er in Berlin das Schillertheater leitete, war die Berliner Schaubühne unter Peter Stein gerade die Bühne mit Bedeutung. Gobert wurde deswegen und zum Zwecke der Polarisierung unausgesetzt vom Feuilleton als Mann ohne Bedeutung erniedrigt. Am Theater wird darüber geurteilt, was kostbar, bedeutend und progressiv ist, indem man etwas anderes altbacken und konventionell findet.

Als ich noch Regieassistent war am Schillertheater, hing in der Requisite ein riesiges vergilbtes Plakat. Boy Gobert überlebensgroß auf einem Stuhl vor schwarzem Hintergrund, er hatte sich von oben bis unten mit Eiern und Tomaten bewerfen lassen. So sah er sich selbst und streckte der Welt trotzig die Zunge heraus. Einer, der von der Liebe des Publikums lebt, stand den neuen Gesetzen für Erfolg im Bedeutungsmarkt wehrlos gegenüber.

Dann wollte er nach Wien. Alle wollen nach Wien. Woanders verschweigt man bei der Wohnungssuche besser, dass man am Theater arbeitet, in Wien wird man deswegen bevorzugt. Dass einem ein Taxifahrer aus seinem Theaterstück vorlesen will, ist mir in Wien wirklich geschehen, und auch, dass man mit dem Theater einen so krachenden Finanzskandal erzeugen kann, dass sich dahinter eine ganze Phalanx aus pflichtvergessenen Aufsichtsräten, Kulturpolitikern, Controllern und Wirtschaftsprüfern verstecken konnte.

Was Boy in Wien gesucht hat? Was alle dort suchen. Schutz. Wenn wir das Ei von einem Dinosaurier im arktischen Eis entdecken und ausbrüten könnten, wie entzückt würden wir diese längst ausgestorbene Spezies bestaunen? Ungefähr so geht es dem restlichen deutschsprachigen Kulturraum in Hinblick auf Wien und seine Theater. Für das Publikum in Wien ist das Theater ein Lebensritual wie Schlafen, Essen, Arbeiten und Sex. Es ist sinnlich, anspruchsvoll, verwöhnt, neugierig und zugleich sentimental. Das ist das, wovon Theaterleute träumen. Dort will jeder Theatermensch hin. So auch Boy Gobert. Er starb, wie treffend, an Herzversagen bei den Theaterproben, als er dabei war, das Theater in der Josefstadt in Wien zu eröffnen. Es kommt mir vor, als habe er dort das schützende Ufer erreichen wollen und es wegen seines gebrochenen Herzens nicht mehr geschafft. Wie schade.

Kurze Zeit später kam ich zu Peymann nach Wien ans Burgtheater. Was war das denn? Das Publikum strömte allabendlich auf festlichen Red Carpets ins Theater, die festlichen Lüster im Zuschauerraum erloschen, der große Rote schwang festlich auf, es war ein Fest und alle feierten mit. Und während das völlig heterogene Premierenpublikum noch jubelte und buhte, wurde aus dem Zuschauerraum live in die Hauptnachrichten gesendet. Warum war das nur in Wien so? Was hat Wien bewahrt, was woanders kaputtgegangen ist? Warum hat es sich bewahrt und wie könnte man es anderswo wieder heilen? Sollte man sich diesem

Dinosaurier nicht mit größter Neugier und Behutsamkeit nähern, um zu verstehen, wie man das Theater in Zukunft schützen könnte?

Ein deutscher Großstadt-Intendant, der mit regelmäßigen Einladungen zum Berliner Theatertreffen über Jahre die Nummer eins in den Bedeutungscharts war, hat mir mal gestanden, warum er gerne nach Wien ans Burgtheater gegangen wäre: Dort könne man noch Aufregung erzeugen, das Publikum sei nicht so abgestumpft, es ließe sich noch aus der Reserve locken. Wie froh kann Wien sein, dass ihm das erspart geblieben ist. Der gewiefte Mann hätte die Schmerzpunkte schnell erkannt, die er hätte drücken müssen, um das Publikum auseinanderzutreiben, das vorher gemeinsam und im gleichen Zuschauerraum die unterschiedlichsten Theaterabende miteinander erlebt, gehasst und gefeiert hatte. Heute Shakespeares *Richard III.* von Claus Peymann mit Gert Voss und morgen Elfriede Jelineks *Das Sportstück* in der Inszenierung von Einar Schleef. Das wäre nicht mehr gegangen. Die Zuschauer wären zu Feinden geworden, sie hätten sich Etiketten umhängen lassen, auf denen Dinge stehen wie: »Ich bin bei den Progressiven« oder »Das war früher aber besser«. Mit diesen Schildern um den Hals hätten sie die Argumente geglaubt, mit denen sie gegeneinander munitioniert worden waren. Ein gemeinsames Erleben, ein integratives Theater, hätte es nicht mehr gegeben. Aber Wien blieb Wien, der Ort der Theaterträumer, und sperrte sich lange gegen diese Entwicklung. Vielleicht liegt im Anachronismus des Theaters seine größte Überlebenschance.

Zunächst erlebte ich in Wien eine völlig neue Welt. Ich bekam für die Zeit meiner Inszenierungen schöne Wohnungen zusätzlich zum Gehalt und Flugreisen zwischendurch nach Hause. Unvorstellbar, wie schnell ich mich an diesen Luxus gewöhnte. Boy Gobert hatte sich mit Chauffeur im Mercedes fahren lassen, Gustaf Gründgens im Rolls-Royce, Peter Zadek hatte einen weißen Bentley, Dieter Dorn fuhr Porsche, und sogar Bertolt Brecht hatte weiland einen Steyr XII von Sponsoren geschenkt bekommen. Ich fuhr nun Jaguar. Mich freuten und trösteten diese Machtinsignien. Und ich spielte eitel und trotzig mit der Provokation. Aber die Zeiten hatten sich geändert. Als ernsthafter Theaterkünstler kritisiert man die Machtstrukturen der Gesellschaft und soll deswegen arm sein. Jedenfalls nicht reich. Jedenfalls nicht Jaguar. Stattdessen gab es neue Insignien, die gar nicht so billig waren. Knitterkleidung von belgischen Designern oder Taschen aus gebrauchter Lkw-Plane. Stundenlang mühte sich mein Kollege in der Kantinentoilette, mit drei verschiedenen Haargels eine Frisur zu erzeugen, die ihn künstlerisch und ambivalent aussehen ließ.

Wenn es das ist, worum es geht, dann also erst recht Jaguar, und Tomaten und Eier aufs Plakat.

Der Programm-Bulldozer

Sehr schnell haftete das Image des Publikumslieblings an mir. Das war kontraproduktiv. »Der Wirkungsmechaniker« – im übrigen Mediengeschäft wäre das ein kardinales Lob. In der FAZ wurde es zum Schimpfwort. Gemeint damit war, dass ich die Triggerpunkte beherrsche, mit denen ich das Publikum verführe. Verführen, das war natürlich nicht gut. Als ob man jemanden auf falsche Fährten führt und sie fehlleitet, verdirbt.

Natürlich war da was dran. Aber das konnte ich nicht sehen. Hätte ich es sehen können, wäre ich vielleicht aus dem Teufelskreis ausgebrochen, der mich gefangen nahm und mein weiteres Leben bestimmte. Stattdessen wurde ich immer trotziger. Die Intendanten der Theater, für die ich arbeitete, und ich erfanden eine Art programmierbare Erfolgsmaschine. Wenn ich die Spielpläne von Wien, Hamburg und München nebeneinanderlegte und die Zuschauer in den ausverkauften Theatern zählte, die in einer Woche meine Vorstellungen sahen, war diese Maschine, mit Ausnahme der großen internationalen Musicalshows, der meistgespielte Theaterregisseur der Welt.

Ich wurde ein Bulldozer. Wenn ich Respekt oder Angst hatte, konnte es sein, dass ich doppelt dreist wurde, um mir nichts anmerken zu lassen. Manchmal hat mir das das Leben gerettet, oft ist es mir als Arroganz auf den Kopf gefallen.

Ich hatte Rufus Beck, den hochvirtuosen Schauspieler, für seine bissige Schärfe und seine athletische Lässigkeit in verschiedenen Hauptrollen bewundert. Er rief am Nachmittag an. Ob ich Zeit hätte, er wolle mir etwas zeigen. Wenig später holte er mich in meiner Schwabinger Wohnung ab, wir besorgten uns den Schlüssel am Residenztheater und fuhren hinaus vor die Tore der Stadt, wo die Probebühnen in alten Kasernen untergebracht waren. Auf mein Fragen, was das alles soll, antwortete er nicht. Aber ich konnte es mir denken. Schließlich hatte ich ihn auf der Probe am Morgen vor allen anderen sehr unvorsichtig kritisiert. Rufus ist ein selbstbewusster Mann, ein Star, der in erfolgreichen Filmen Hauptrollen spielt und *Harry Potter* eingelesen hat. Kann schon sein, dass ich seinen Stolz herausgefordert oder auch verletzt hatte. Jetzt suchten wir gemeinsam Steckverbindungen in Sicherungskästen, um Licht zu machen. Setz dich da rauf und schau mir zu. Danach darfst du was sagen. Oft ist mir diese Nähe am Anfang peinlich. Ich schaue dann bewusst nicht so genau hin, um mich nicht in einen Schauspieler hineinzubohren und ihm Platz für Scham und Intimität zu lassen. Das ging jetzt nicht. Da waren nur er und ich. Ein nackter, radikaler und schutzloser Moment. Dann spielte er die Szene, die ich am Morgen mit ihm geprobt und die ich mit ein paar despektierlichen und arroganten Sätzen kritisiert hatte. Es war ein Monolog eines Verschwörungstheoretikers, der mit suggestiven Phrasen seine Leute einfängt. Er ließ sich ganz auf die Sache ein, erzeugte eine fast unerträgliche Tiefe. Das, was ich am Morgen als oberflächlich abgekanzelt hatte, war jetzt dicht und emotional gefüllt. Es war sensationell. Ich hatte Tränen in den Augen. Ich stand auf, ging zu ihm auf die Spielfläche hinunter und wollte ihn umarmen. Er lehnte ab.

Sorry, wollte dir nicht zu nah kommen, aber Rufus, das war großartig, es geht doch, siehst du, es geht doch!

Natürlich geht es, sagte er, was dachtest du denn? Er schaute mich an wie einen Deppen, natürlich geht das, aber ich will nicht.

Dann brachte er mich völlig verdutzt zurück zu meiner Wohnung, legte die Rolle nieder und kündigte auch gleich sein festes Engagement am Bayerischen Staatsschauspiel. Der Intendant und ich zuckten mit den Schultern, dann eben nicht, sagten wir trotzig. Später habe ich einen riesigen Respekt bekommen. Rufus hatte sich für seinen eigenen Weg entschieden, und dazu gehörte nicht, sich von einem jungen und verwöhnten Kerl wie mir mit einem Bulldozer in die seelischen Unterhosen fahren zu lassen.

(Ich habe ihm diesen Text geschickt. Stimmt das so, habe ich ihn gefragt. Er lachte und meinte: Matthias, sei nicht so hart gegen dich selbst, ich würde heute auch vieles anders machen).

Der Erfolg stiftet Trost für alles, was an künstlerischer Arbeit wehtut. Der Bulldozer wollte sich durch immer mehr Erfolg gegen jede Kritik panzern. Kritiken im Feuilleton gehen meist mit Schmähungen und persönlichen Diffamierungen einher, sie sind selten behutsam, differenziert oder konstruktiv.

Viele Kritiker fühlten sich herausgefordert, sie wollten den Panzer erst recht knacken. Dagegen half nur noch mehr Erfolg. Ich glaubte, Erfolgserfahrungen nach dem Prinzip

Copy / Paste in immer neuen Konfigurationen anwenden zu können. Immer effizienter sollte es werden. Ein sich selbst optimierendes System. Zwischendurch ein paar Updates fürs Programm. Auf diesem Wege würde es leichter fallen, noch mehr Inszenierungen zu machen. Man muss sich diesen Bulldozer wie eine einmeterdreiundneunzig große, polierte Maschine vorstellen, unter dessen Panzerhaube ausgeklügelte Systeme werkeln. Und so kam es, wie es kommen musste, eines Tages blieb das Ding bei 180 km / h mitten auf der Autobahn stehen. Mir hing plötzlich meine linke Wangenhälfte taub im Gesicht. Viel zu jung für so was, sagte der Neurologe. Eine Immunstörung.

Ich war dicht, und dann klingelte mein Telefon und ein Mann sagte, er sei Botho Strauß. Ein Freund hätte Gutes von mir erzählt. Der Freund war ein gefürchteter, messerscharfer und kunstsinniger Kritiker der *Frankfurter Rundschau.* Er hatte von mir in Wiesbaden eine schöne Inszenierung von Strauß' *Die Zeit und das Zimmer* gesehen. Eigentlich war er mir eher feindselig gestimmt, auch weil er zum anderen Lager gehörte als der pfiffige Bernd. Aber ich hatte mich hündisch winselnd vor ihm auf den Rücken gelegt, hatte den Freund seiner Tochter als Bühnenbildner engagiert und ihn schließlich gnädig gestimmt. Jetzt also Strauß am Telefon. Er hätte ein Stück geschrieben, ob ich das lesen oder gar inszenieren wolle. Ich lachte über den Scherz. Alle meine Freunde wussten, wie sehr ich Strauß verehrte, wie ich alles, was ich schon seit der Schulzeit über Gesellschaft, Kunst und Liebe wissen wollte, aus seinen Texten bezog.

Also lachte ich und sagte, wer ist denn dran? Strauß hatte keinen Humor. Dann lege ich jetzt auf. Nein, bitte nicht, schrie ich.

Er war es wirklich. Ich fieberte dem Stück entgegen. Endlich kam es per Post. Eine Floppy-Disk. Ich traute mich zwei Wochen lang nicht, jemanden zu bitten, sie für mich zu öffnen, schließlich hatte ich totale Geheimhaltung gelobt. Irgendwann druckte ich es mir dann doch superheimlich in einem Copyshop an der Uni in München aus. Ich verstand nichts. Alles kryptischer Wahnsinn. Mann 1, Mann 2, 3, 4 und 5, genauso viele Frauen, 1 bis 5, und ein Wechsler. (Bist du verrückt, damals schon!) Was sollte das alles? Warum hatte der ausgerechnet jetzt ein Stück geschrieben, das ich überhaupt nicht verstand? Jetzt, wo ich es selbst zur Uraufführung bringen durfte. Ich war verzweifelt. Nach weiteren zwei Wochen rief er wieder an. Er sagte, er habe schon einmal einem Regisseur ein Theaterstück von sich geschickt, der habe sich ebenfalls vier Wochen nicht gemeldet, seither habe er mit diesem Regisseur (Claus Peymann) nie wieder Kontakt gehabt – so mögen wir beide es ab sofort auch halten. Ich schrie panisch ins Telefon. Halt, dranbleiben. Was soll das denn, sind Sie verrückt? Und dann stammelte ich irgendwas heraus, das mir zu dem Text einfiel. Ich hatte mit niemandem darüber gesprochen. Nach unendlichen zehn Minuten sagte er: Na, geht doch.

Wo würde ich dieses Theaterstück inszenieren? Ich hatte Angst, das musste sehr geschickt geplant werden, das hatte ich inzwischen gelernt. Aber die Aufführung sollte möglichst unbehelligt sein von den Attacken auf meine Person, frei von diesem Stigma als Wirkungsmechaniker, frei von allen strategischen Überlegungen, die bereits gespensterhaft alle Entscheidungen überlagerten.

Botho Strauß hatte Mitte der 80er-Jahre mit seinem Essay *Anschwellender Bocksgesang* einen visionären Versuch gemacht, sich den anstehenden Herausforderungen unserer Zeit, Migration und Heimat, poetisch zu nähern. Das hatte allergische Kotzausbrüche bei den Feuilleton-Jakobinern ausgelöst. Alle Feinde Kassandras waren jetzt auch meine.

Ich wollte mich mit dem Stück in die neutrale Schweiz retten. Der Intendant vom Schauspielhaus Zürich wollte das Stück sofort haben. Ungelesen. Er versprach alles in der Welt, wenn ich es bei ihm zur Uraufführung bringen würde. Strauß war auch einverstanden.

Karl-Ernst Herrmann machte das Bühnenbild. Ich möchte kurz eine Liebeserklärung loswerden. Denn niemanden habe ich am Theater mehr verehrt als ihn. Diese Liebeserklärung würde ich gerne auf ein ganzes Buch strecken. Auf zwei Bücher. Eines in einem schwarzen Schuber und eines in einem weißen Schuber. So hatte er es mal überlegt. Wahnsinnig gute Bücher. Wenn ich darüber nachdenke, wie gut diese Bücher sein müssten, um ihm gerecht zu werden, wird mir ganz schwindlig. Also ich kann das nicht. Wer macht das denn endlich? Dieser ästhetische Seismograf muss weiterleben! Wie kann man so geschmackssicher, ästhetisch gebildet und gleichzeitig so neugierig und bescheiden sein?

Das Bühnenbild bestand aus nur vier Plastikwänden, die sich bewegen konnten, aus Licht und Schatten. Und es war hauptsächlich lila. Er kam zu den Proben nach Zürich, schaute stumm, was ich inszeniert hatte, und verschwand kommentarlos. Ich hatte den Schrecken meines Lebens. Dieser von mir höchst verehrte, feine Mann, was hatte ihn beleidigt? Am nächsten Tag hatten wir Beleuchtungsprobe, das ist kostbare, ja heilige Zeit an einem Theater, wo alle Gewerke darauf eingerichtet werden, um das möglich zu machen. Er kam nicht. Der Intendant schäumte. Ich beleuchtete ohne Herrmann, so gut ich konnte. Dann, am Abend des dritten Tages, hielt ich es nicht mehr aus, die Sorgen überwogen die Schmach, dass er meine Arbeit schlecht findet. Ich ging zu seinem Hotel. Ich klopfte an der Tür. Ich fragte an der Rezeption. Man hatte ihn hinein- und herauskommen sehen. Er lebte. Ich rief seine Frau an.

Es war natürlich völlig anders gewesen. Die Inszenierung hatte ihn ins Herz getroffen. Sie erzählte, wie sie ihn verlassen und später wieder zu ihm zurückgekehrt sei. Das alles war bei meiner Probe wieder in ihm hochgekommen. In diesem Theaterstück über den menschlichen Vierfuß, wie Botho Strauß das Paar nennt, über die einzige Möglichkeit und völlige Unmöglichkeit, ein solches zu sein.

Nun sagte er, dass er einen Tag das Theater schließen müsse, um das Stück zu beleuchten. An einem einzigen Tag, wie sollte das gehen? Sicher nicht, schrie der Intendant. Man zeigte Herrmann den Vogel und schimpfte. Niemals würde man das Theater schließen und das Publikum nach Hause schicken, damit er eine Beleuchtungsprobe nachholen konnte, die er aus unerfindlichen Gründen auf seinem Hotelzimmer verbummelt hatte. Herrmann schaute ruhig und sagte, dass sie das tun müssten, es gebe keinen anderen Ausweg. Wie Kinder saßen wir in den Reihen hinter diesem Magier, als er Bild für Bild in aller Ruhe ausleuchtete und um Punkt 23.00 Uhr aufstand und fertig war. Ein Wunder. Dazu die zarte Blecheimerstimme von Otto Sander, Anne Tismers helles und spitzes Stakkato, die chorischen Gesänge der anderen.

Worum ging es in diesem Stück? Klar, die Figuren sprachen Deutsch, ich konnte aber nicht verstehen, was sie meinten. Das machte mir Angst. Aber der Text war dankbar, wenn ich ihm Rhythmus gab. Er reagierte symbiotisch wie ein Tanzpartner, der sich führen lässt und zwischendurch immer wieder selbst die Führung übernimmt. An der einen Stelle schien es fast zwingend richtig, dass geflüstert wurde, dann wollten ganz poröse Geigentöne im Flageolett unter den Worten mäandern. Die eine Passage ganz direkt und von vorn, die Replik im Chor hingegen aus dem Off. Das Licht, die Farben und die räumlichen Entfernungen auf der Bühne, die kompositorischen Elemente wollten sich durch mich in ein Spannungsverhältnis bringen, für das der Text die Grundlage war. Als ich fertig war, verstand ich jedes Wort.

»Dekonstruktion« ist längst ein etwas tendenziöses Zauberwort am deutschsprachigen Theater, Strauß hatte prophetisch dieses ästhetische Prinzip schon damals in seinen Texten antizipiert. Brüchig und komplex, in verschiedenen Schichten verwoben.

Während ich arbeitete, lernte ich. Mit der Premiere war ich anders geworden. Wenn eine Arbeit gelingt, macht sie einen anders. Nie war ich ratloser und zugleich mutiger gewesen. Nie hatte ich mich wirklich darauf eingelassen, dass das, was gelingt, vielleicht nicht planbar ist. Das absolute Gegenteil von dem Maschinen-Bulldozer, der ich vorher werden wollte. Wie musste ich leben, was würde ich brauchen, damit das wieder möglich würde?

Expedition Probebühne

Bei vielen bildenden Künstlern steht am Anfang eine Idee oder ein Konzept. Bei der Entstehung des Kunstwerks bleiben einige dabei, exekutieren es stur, andere begeben sich mit den Farben oder mit dem Meißel auf eine künstlerische Reise und lernen unterwegs, was das Rot auf der Leinwand will und warum es ein Haus wird oder ein Fisch. Wie von unsichtbarer Hand werden sie im Prozess in unbekanntes Terrain mitgenommen. Was entsteht, ist etwas Neues, etwas, das sie vorher nicht geplant hatten und vielleicht auch gar nicht kannten. Gerhard Richter sagt, seine Bilder seien intelligenter als er. Für Musiker gilt das auch. Vor allem in der modernen Musik wird strategisch komponiert im Gegensatz zum kompositorischen Prozess, in dem der Künstler am Klavier der Abfolge von Tönen und Klängen nachsinnt und sich davon verführen lässt, in ungeahnte musikalische Räume vorzudringen. Aber geht das auch im Theater?

Im Entstehungsprozess, bei der Erschaffung einer Inszenierung, sammle ich erst einmal Probenerlebnisse. Dazu braucht es Ruhe und Zuversicht. Nicht jedes Probenerlebnis lässt sich zwangsläufig verwenden. Vieles schmeißt man wieder weg. Außerdem ist diese Ruhe am Theater schwierig zu erzeugen, weil die nahende Premiere immer Druck erzeugt. Probenerlebnisse bilden Schichten von Erfahrungen, wie Farben und Töne, die sich wie in einem Speicher ablegen. Schauspieler, die ergebnisorientiert arbeiten, macht das nervös. Sie haben kein Vertrauen, oder sie glauben nicht, dass sich diese Schichten irgendwo zwischenlagern, wieder hervorholen und in eine Inszenierung überführen lassen. Diese Schichten setzen sich zudem immer wieder neu und anders zusammen und sind nur schwer für andere erkennbar. Ich bin abhängig von der Erfindungskraft meiner Partner auf und neben der Bühne, von ihrem Talent. Wenn ich jedoch am Ende das Splitterwerk der Erlebnisse aus den Schichten der Erfahrungen herauslöse und zusammensetze, kann mir keiner helfen. Dann bin ich allein mit meinen Klängen und Farben.

Das Publikum ist eine Stimme, die bei diesem Prozess immer mitspricht. In meiner Fantasie setze ich mich zwischendurch in die fünfte Reihe Parkett und schaue mir selber zu. Ich muss mich selbst verführen, und wenn nicht, ist es die falsche Reise.

Wenn die Inszenierung dann da ist, bin ich verwundert, dass das möglich war. In den meisten Fällen ist etwas entstanden, das ich nicht vorausplanen konnte. Schlimmer noch, wenn ich versucht hätte, es zu planen, wäre es nicht das geworden, was es wurde. Gelegentlich habe ich eine rigide Planung gemacht – die Probenzeit war knapp, ich dachte, ich würde anders nicht fertig werden. Ganz schlimm wurde es, als ich in weniger als sechs Wochen *Richard III.* am Bayerischen Staatsschauspiel inszenieren sollte. Alles Quengeln half nichts, der Intendant hatte die Schauspieler nach der Premiere schon in anderen Inszenierungen verplant. Kamikaze. Die Inszenierung türmte sich wie ein Berg vor mir auf, den ich niemals in der Zeit besteigen könnte. Meine Assistentin hatte Mitleid und erstellte einen perfekten Probenplan, um mir die Angst zu nehmen. Auf mehreren ausgedruckten DIN-A3-Seiten, die sie auf der Probenbühne für jedermann sichtbar aufgehängt hatte, konnte man in eigens dafür gezeichneten Fenstern jede Szene sehen, und auch, wie viel Zeit ich hätte, um sie zu inszenieren. Würde ich das eine Fenster an dem dafür vorgesehenen Probentag nicht schaffen, würde ich für das nachfolgende Fenster am nächsten Tag entsprechend weniger Zeit zur Verfügung haben. Hielt ich mich jedoch an den Plan, wäre ich punktgenau am Premierentag fertig. Diese Produktion gehörte zu den langweiligsten, uninspiriertesten und dümmsten, die ich je gemacht habe.

Die Proben-Expedition mit offenem Ausgang wurde mein Erkenntnis-Aggregat. Es half mir, die Welt zu erkunden, die ich früher nicht verstehen konnte.

In den Proben zu Lessings *Emilia Galotti* schwärmte der Dramaturg völlig erleuchtet, Emilia und Orsina würden in ihrem Scheitern, so gegensätzlich ihre Lösungsversuche seien, das Prinzip der »Dialektik der Aufklärung« von Horkheimer/Adorno verkörpern. Das ist großartig. Hatte ich gerade, weil es künstlerisch richtig war, auf der Probe die »Dialektik der Aufklärung« erfunden und der Dramaturg erklärte mir, was das ist? Das, was ich in den Proben lerne, kommt nicht aus meinem Erfahrungsschatz oder aus angelerntem Wissen. Es entsteht erst im Prozess des Probens. Dafür müssen die Antennen gut aufgestellt sein, um das Richtige zu empfangen. Die Infrastruktur muss stimmen. Gute Leute, gute Räume, gutes Thema. Man muss sich selbst stimmen, wie die Saiten eines Musikinstrumentes, damit die Botschaften, wo immer sie auch herkommen, im richtigen Resonanzraum ankommen und verstanden werden. Dann kann etwas entstehen, das größer ist als man selbst. Dann staune ich, weil ich zum Publikum meiner selbst geworden bin.

Von diesem Prozess war ich zuweilen derartig begeistert, dass ich die Versuchsanordnung immer riskanter konfigurierte.

Ich suchte für meine Entdeckungsreisen mit dem Theater Räume außerhalb des Theaters. In Bochum, Zürich und Wien baute ich die Räume um, so dass das Publikum nicht in einem anderen Raum saß, der durch ein Portal vom Geschehen auf der Bühne getrennt war. Alle saßen gemeinsam im gleichen Raum. Auf dem gleichen Boden. Auf zwei

Seiten oder im Kreis. Je näher, desto besser. Mehr Intimität geht nicht.

Ich respektiere, dass viele Schauspieler das nicht wollen. Ihnen ist die Nähe lästig. Es ist ohnehin ein Irrtum, zu glauben, dass alle Schauspieler extrovertiert sind und jederzeit extemporieren können. Oft ist es umgekehrt. Habe ich einmal einen befreundeten, sehr renommierten Schauspieler gebeten, auf der Taufe meiner Tochter ein paar private Worte zu sprechen, hat er tagelang verzweifelt Begriffe verdreht. Viele Schauspieler sind schüchtern. Sie wollen andere sein, deswegen spielen sie Theater. Als private Personen suchen sie Schutz für sich und für die Rolle, die sie spielen. Sie möchten den Text kennen, den sie sprechen. Sie wollen sich auf ihn verlassen. Sie finden den Schutz hinter ihrer Maske, den angeklebten Bärten, den Perücken und in den Kostümen, die sie tragen. Auch das Bühnenportal beschützt sie, in welchem der Vorhang hängt. Hinter ihm sind die Seitenbühne und Flure in das Theatergebäude mit zahlreichen Fluchtmöglichkeiten. Und sogar das Licht der Scheinwerfer schafft beruhigende Distanz, wenn es sie blendet. Die meisten Schauspieler haben Angst vor dem Auftreten. Einige betäuben die Angst mit Alkohol. Einige hängen den Beruf an den Nagel, weil die Angst nie weniger wird.

Deswegen sind meine Versuche, in anderen Theaterräumen völlige Nähe herzustellen, schwierig. Und gleichzeitig galt ihnen meine größte Neugier. Auf der ersten Probe ist der Raum empfindlich. Eine kleine Geste reicht oft schon, um Aufmerksamkeit und Neugier zu erzeugen. Die Spannung auf der Bühne entsteht durch den behutsamen Aufbau von räumlichen Konstellationen. Steht hinten links jemand und wartet, ist der Raum kostbar. Er wird mit Erwartung aufgeladen. Was wird als Nächstes geschehen? Eine zweite Person kommt von vorne rechts. Eine Achse entsteht. Spannung. Was will der Zweite? Wird es ein Konflikt? Oder die zweite Person kommt ebenfalls von hinten links, gesellt sich dazu, sie staunen zu zweit. Schauen sie dann noch gemeinsam und zur gleichen Zeit von rechts nach links, ist ein Wunder geschehen. Sie haben das verabredet. Das Publikum merkt das und ist begeistert. Durcheilt die Person den ganzen Raum, besetzt jede Stelle, ist der Raum verbraucht und abgenutzt. Er taugt nichts mehr. Ich kann ihn nicht mehr nutzen, um Spannung zu erzeugen. Er hat sein Potenzial verloren. Dieses Spiel mit dem Raum lässt sich auch auf andere Elemente übertragen, mit denen eine Inszenierung komponiert wird. Auf Hell und Dunkel, auf Laut und Leise, Schnell und Langsam, auf alle Elemente, mit denen Spannung erzeugt wird. Jeder Druck stört den Prozess. Ein Leitspruch des großen Regisseurs Fritz Kortner hat mich oft getröstet: Langsam, langsam Kinder, wir haben keine Zeit.

Bei *Krieg und Frieden* im Kasino des Burgtheaters hatte ich von Anfang an kein Premierendatum angegeben. Ich versprach, anstelle einer Premiere eine öffentliche Probe ab einem gewissen Datum zu zeigen, aber die Proben sollten mit offenem Ausgang weitergehen. Das war ungewöhnlich. Die üblichen Feinde waren gleich wieder sauer. Sie meinten, Hase würde sich so der Kritik entziehen. Das sei nicht fair. Würde es dann beim Publikum auch noch ein Erfolg, was könnten sie dann noch dazu beitragen?

Und in der Tat, es wurde eine besondere Produktion. Wir hatten uns vollkommen von der Absicht gelöst, ein Ergebnis zu produzieren. Uns interessierte mehr die Frage, wie sich ein Krieg zwischen dem riesigen französischen und dem riesigen russischen Heer an 22 grauen Holztischen erzählen lässt und wie die feine Moskauer Gesellschaft einen pompösen Ball zelebriert. Die Schauspieler lasen vor, was sie in dem Roman von Tolstoi gefunden hatten. Weil sie sich die Texte selber ausgesucht hatten und sie sich folglich mehr dafür interessierten, als irgendetwas auswendig zu lernen, wurden sie zu Anwälten ihrer künstlerischen Ideen. Was ich zum Beispiel von der Schauspielerin Yohanna Schwertfeger bei der Entwicklung ihrer Figur von Tolstois Natascha gelernt habe, hat mir die Zuversicht gegeben, dass ich den Prozessen auf der Probe völlig vertrauen, dass ich immer mehr riskieren kann. Beim *Trojanischen Pferd*, ebenfalls im Kasino des Burgtheaters, ließ ich sogar jede Textvorlage und Rollenzuweisung weg. Wir hatten uns ohne Text und nur mit einem Thema zur Probe verabredet. Die Trojaner schauten einst aus dem Fenster und sahen ein riesiges Pferd aus Holz. Sie holten es in die Stadt und dann begann das große Morden. Was passierte davor und was danach? Was gibt es dazu an Literatur? Wir suchten zusammen, was uns am meisten interessierte. Sachbücher, längst verschollene Romane, fingen an, sie uns vorzuspielen, zu singen, zu tanzen. Es waren Entdeckungsreisen, die zur Basis meiner Arbeit wurden. So entstand die Sprache, die ich auf der Bühne spreche.

Mit dem Taschenbuch in der Hand stand der Schauspieler Lucas Gregorowicz vor uns auf der Probe und las begeistert vor. Er hatte es im Antiquariat gefunden. Titel: *Spielball der Götter* von Rudolf Hagelstange. Der Trojanische Krieg aus der Perspektive eines ich-erzählenden Paris, der sympathisch und naiv durch die Geschichte stolpert. Seinem

Charme erlegen, stellte sich selbstbewusst und unwiderstehlich Adina Vetter spontan vor ihn hin, er legte den Kopf schief, sie wurde zu Helena, beide schockverliebt. Im Mythos, auf der Probe, im Leben.

Bei einigen Kollegen beobachtete ich ähnliche Entwicklungen. Ich inspirierte mich, spielte mit ihren Erfindungen, rückversicherte mich bei dem, was ich erlebte. Manchmal hatte ich atmosphärische Ahnungen und Träume, halbfertige, die sie auf ihren Bühnen schon vollendet hatten. Als würde ich schon den Groove kennen, nur die Melodie fehlte noch. Als sähe ich schon die Farbe, aber noch kein Bild.

Es gab eine Inszenierung von Simon McBurney, mit der er durch die Welt tourte. Sie begann damit, dass er vor Beginn der Aufführung an der Bühnenkante stehend einige einleitende Sätze zum Verständnis der nun folgenden Vorstellung sprach. Dann setzte er sich, der Bequemlichkeit halber, auf die Bühnenkante. Als er aufstand, war das Licht unmerklich langsam ausgegangen. Es war dunkel, nur er im Licht. Er war nicht nach unten, er war nach oben, auf die Bühne aufgestanden. Dadurch war aus seiner Vorrede ein Monolog geworden. Ein völlig simpler und zugleich hochkomplexer Vorgang. Wer spricht? Ist der noch echt, weil er mit uns spricht, oder ist er eine Theaterfigur? Ein virtuoser Wechsel der Erzählebenen hatte stattgefunden.

Im dunklen Zuschauerraum klingelte jetzt ein Telefon. Oh, wie peinlich. Niemand, der es ausmachte, es wurde immer peinlicher. Aber es war sein eigenes Telefon, das er unten in seiner Tasche gelassen hatte. Er entschuldigte sich und ging mit dem Telefon in die Tiefe des Bühnenraums und erklärte dem Anrufer, wo er gerade sei, bei den Salzburger Festspielen, er würde einen Abend spielen, dabei sei das Thema … Jetzt hörte man plötzlich auch die Stimme des Anrufers. Sie wurde per Ton zugespielt. Also doch ein Trick. Die beiden sprachen noch eine Zeit lang, bis er sich umdrehte, der Mund bewegte sich nicht, aber das Telefongespräch war immer noch zu hören, bis er schließlich wieder nach vorne kam und erklärte, wer der Anrufer war und wann er vor längerer Zeit dieses Telefonat geführt und wovon es gehandelt hatte, während es im Hintergrund weiterlief. Schon wieder hatte er die Ebenen gewechselt. Etwas sehr Entscheidendes war geschehen. Er hatte mit dem Publikum gespielt. Die Anwesenheit des Publikums war Thema und Voraussetzung für die Aufführung.

Das alles hatte meine Sehnsucht getroffen. Die Stücke von Strauß hatten mich angezündet, weil sich in ihnen die zeitliche Stringenz der Erzählung auflöste. Bei Simon McBurney, Robert Lepage, Jan Lauwers und Alvis Hermanis wurde das ästhetisch fortgesetzt. Die Situationen wurden episch erzählt und gleichzeitig wurde in ihnen situativ agiert. Fast alle deutschen Theaterregisseure experimentierten mit dem Ebenentransfer. Oft ließen sie die Schauspieler in einer Reihe stehend vor dem Publikum deklamieren. Hier sind wir, ihr seid da, es findet jetzt statt, es ist deswegen sehr echt. Oder sie versteckten die Schauspieler im Publikum, um die Grenzen zu den Schauspielern aufzulösen. Es ging darum, die sogenannte »vierte Wand der Illusion« aufzubrechen. Also die unsichtbare Wand zwischen Bühne und Zuschauerraum. Andere machten das, indem sie eine vierte Wand vor dem Publikum ganz real und physisch in Form einer Leinwand hochzogen, womit die Wand zum Thema wurde, auf der man sah, was live dahinter gespielt wurde. Echt gespielt, echt gefilmt, echt projiziert.

Kameras und Projektionen. Viele Regisseure wollten endlich das tun, was sie ohnehin lieber gemacht hätten, wenn sie nur genug Geld hätten, nämlich Filme drehen. Andere faszinierte es, mit Projektionen Kulissen zu ersetzen. Plötzlich konnte man das Theater überall hinbringen. In eine Hochhaussiedlung nach Birmingham oder an den einsamen Strand in Brighton. Also eigentlich genau das Gegenteil von dem Sessel, der England ist, und dem Kreidestrich, der die brandende Küste drumherum behauptet.

Kameras wurden ein fester Bestandteil meiner ästhetischen Versuche. Wenn Rasierschaum live auf einem Bücherregal ganz nah vor der Kamera die meterhohen Schneeberge in der Sonne vor den staunenden Zuschaueraugen entstehen ließ, dann war das genau im eigentlichen Sinne Theater und nicht Film. Es ließ das Publikum an der Entstehung des Vorgangs teilnehmen und machte ihm nichts vor. Im Gegenteil, es offenbarte seine Tricks und unterstrich das, was das Theater im Kern ist, ein Ort der Behauptung, der mit der Fantasie der Zuschauer spielt. Die Übersetzung von Rasierschaum in Schneeberge braucht diese Zusammenarbeit. Vom Publikum braucht es Lust, sich darauf einzulassen, und von den Schauspielern ein Gefühl für die Wirkung, die sie erzeugen.

Der Werkzeugkasten des Tragischen

Wenn die Versuchsanordnung auf der Probenbühne so konfiguriert ist, dass eigendynamisch Prozesse entstehen können, die über die eigenen Vorstellungswelten hinausgehen, dann muss man das Potenzial eines Moments auf der Probe erkennen, sortieren, einordnen und wiederholen können. Über die künstlerische Sensibilität hinaus braucht es dafür technische Fertigkeiten. Um einzuschätzen, mit welchen Elementen man auf der Bühne Wirkung erzeugt und um gemeinsam die technischen Fertigkeiten zu üben, machte ich Komödien und Well-made Plays. Das Üben der technischen Fertigkeiten kenne ich aus allen anderen Lebensbereichen, in denen künstlerisch gearbeitet wird, nur im Sprechtheater ist es selten. Der Cellist eines städtischen Symphonieorchesters übt täglich erbarmungslos seine Tonleitern. In den avantgardistischen Tanztheater-Truppen wird unausgesetzt klassisches Ballett an der Stange geübt. Opernsänger üben täglich ihre Koloraturen und haben deswegen bei der Suche nach einer Mietwohnung erhebliche Schwierigkeiten.

Im Schauspiel wird nicht geübt. Wieso stellt das Sprechtheater in Bezug auf das Handwerk unseres Berufs einen Freibrief zum Dilettieren aus? Weil es offenkundig nicht so einfach messbare Kriterien gibt wie in anderen künstlerischen Sparten. Bei einer Opernstimme ist es weniger Ermessenssache, was eine Stimme können muss. Sie muss im Zweifelsfall das hohe C erreichen usw. Auch die Virtuosität eines Cellisten oder eines Tänzers ist messbar. Beim Schauspiel eher nicht. Aber einige Schauspieler sind begabter als andere und haben dieses Wirkungsgespür mit in die Wiege gelegt bekommen, so wie es auch mehr oder weniger schüchterne Menschen gibt, mehr oder weniger athletische Körper, trotzdem muss ein Sportler trainieren. Begabung ersetzt kein Training.

Nach der Öffnung der Mauer war die deutschsprachige Theaterwelt überrascht, dass die besten Absolventen der Schauspielschulen von der Ernst Busch aus Ost-Berlin kamen. Aber schnell wurde im Westen gelästert über die kalte und mechanische Art, mit der hier Theater gelernt wurde. Dem gegenübergestellt wurde die einfühlsame Art, die in westlichen Schulen gefördert wurde, wo es um seelische Durchlässigkeit geht und um die Fähigkeit, sich die Figur anzuverwandeln. Warum eigentlich das eine oder das andere? Schließlich muss man doch verstehen, dass das eine ohne das andere nicht geht. Wie feuert man eine Pointe? Wie funktioniert sie? Wann überreizt man sie? Oder wie lange hält der Blick des Weißclowns, seine Ruhe und seine Traurigkeit? Nur so lange, wie der Kollege es zulässt, oder hat er es selbst in der Hand? Die Kunst des Double Takes, ernst oder erschrocken, und die höchste Kunst, die des Running Gags, eiskalt abgeschossen. Das muss immer wieder geübt werden. Vor Publikum am besten, denn nur so bekommt man eine authentische Reaktion. Das Publikum hat dazu keine Meinung, sondern nur einen Lacher an der richtigen Stelle. Die Instinkte für die eigene Bühnenwirkung müssen ständig geprüft und geschärft werden. Wie lässt sich nahezu unabsichtlich und dezent Komik auf der Bühne entwickeln? Das fällt Deutschen schwer. Sie werden immer unbescheiden, wenn sie komisch sein wollen.

Komödien inszenierte ich oft selbst. Auch wenn es manchmal hart ist und gewiss so langweilig, wie stundenlang Tonleitern üben. Wenn jemand mir einhundertmal auf der Probe die gleiche Pointe von der Bühne heruntererzählt und niemand im Zuschauerraum mehr lacht, dann ist es die reine Wirkungsarithmetik, die zählt.

Arrivierte Regisseure ließen sich nicht darauf ein. Mit einer Komödie kann man höchstens Publikum erfreuen, aber im Feuilleton kann man keine Bedeutung erzeugen. Es sei denn, man collagiert, übermalt und verschneidet es mit Textflächen über gesellschaftliche Missstände. Wie soll man sonst mit einer Komödie sein mediales Profil schärfen und ein unverwechselbares Regietalent sein? Diese Well-made Plays heißen deswegen so, weil sie perfekt gebaut sind. Sie verzeihen keine Fehler. Entweder man weiß, wie man die Pointe zündet, oder eben nicht. Wenn man so ein Stück versemmelt, liegt es nicht am Stück, sondern meistens am Regisseur.

Mit den technischen Wirkgesetzen, die ein Schauspieler in Komödien übt, kann er jede Wirkung erzeugen. Komische und traurige. Kann jemand die Fugen von Bach, kann er auch Beethoven spielen, trainiert jemand seine Fitness, kommt er den Berg hinauf, weiß jemand, wie man auf der Bühne Spannung hält, kann man sie ins Tragische oder ins Komische erlösen. Der Werkzeugkasten ist derselbe.

Ein eigenes Haus

Ich wollte die Aufmerksamkeit und den Erfolg der Inszenierung von Botho Strauß' *Der Kuss des Vergessens* nutzen, um ein eigenes Theater zu bekommen. Ein Theaterkritiker schrieb in der *Süddeutschen Zeitung* eine Wunschliste über alle, die Peymann von Wien ans Berliner Ensemble mitnehmen sollte. Er schrieb: Jelinek – Ja, Turrini – Nein, Castorf – Ja, Hartmann – Nein. Das Stigma klebte fest. Es klang wie eine gültige Formel. Aus der Ecke kam ich nicht mehr raus. Paranoid starrte ich aus meiner Wohnung im dritten Stock in München-Schwabing auf die Straße und wollte weg. Machen die in Australien nicht auch Theater? Da kennt mich keiner. Kann ich da nicht einfach noch mal von vorne anfangen? Weg aus Deutschland und fort von den Klischees über mich, die mich immer trotziger machten und lähmten? Am schlimmsten ist es, den Mut zu verlieren. Wenn ich mutig war, wurden Proben riskant, ich konnte tanzen, verliebte mich in Fehler, weil sie mich plötzlich Schönes entdecken ließen, und wuchs über mich hinaus. Dann vergaß ich die Zeit und auch den Druck, zeitgerecht zu liefern. Die Premiere war kein drohendes Datum, die immer gleichen Nörgeleien nicht bereits während der Proben in meinem Kopf vorformuliert. Zaghaft entsteht keine gute Inszenierung.

Ich musste aufpassen, dass mich Feigheit nicht weiter lähmte. Wie sollte ich das machen und wo würde das am besten gehen? In Wien oder Zürich. Oder in Bochum!

Bochum war der richtige Hasenbau. Es lag als strategisches Versteck außerhalb von Deutschland. Jedenfalls außerhalb von dem Deutschland, das in Berlin, München und Hamburg die Regeln und Hierarchien der Bedeutung verhandelte. Bochum schien sicher. Ich dachte, dass man mich dort verstehen, dass ich mich dort mit dem Publikum vertragen würde. Das würde mich immunisieren gegen die lähmende Flintenangst. Aber wie würde ich dort hinkommen? Hinschreiben?

Meine Frau lachte mich aus. Wenn du da im Rennen wärest, dann hättest du schon etwas gehört. Die Kandidaten stehen schon alle fest, man kann sie in der Zeitung lesen. Außerdem wollen die eine Frau. Wahrscheinlich wird's Karin Beier.

Ich hatte bereits im Hintergrund eifrig alle mobilisiert, die vielleicht Einfluss haben könnten. Meine Freunde Tankred Dorst, Peter Turrini und Hermann Beil, den berühmten Dramaturgen. Der hatte mir gesagt, er würde mich in Bochum als Intendant empfehlen, aber nur, wenn man ihn fragen würde. Ich würde gut hinpassen, aber auf so eine Position bewerbe man sich nicht, man werde berufen. Also wartete ich. Und wartete. Niemand meldete sich. In der Zwischenzeit wurden sieben Leitungspositionen an Theatern im deutschsprachigen Raum neu besetzt. Über mich redete niemand. Nichts passierte. Als ich nichts mehr zu verlieren hatte, nahm ich mir eines Morgens ein Herz und erfragte bei der Telefonauskunft (gab's damals noch) die Nummer des Bochumer Rathauses.

Dort wurde ich mit dem Kulturdezernenten verbunden. So erfuhr ich auch seinen Namen. Frau Köster sagte den sensationellen Satz: Ich muss mal eben nachschauen, ob er da ist. Als ob sie das im Vorzimmer nicht wusste. Wieder hörte ich dieses billige Warteschleifen-*Für-Elise*-Pling-Plang-Plong aus den 80er-Jahren. Dann ging Herr Dr. Hans-Georg Küppers ran. Mir fiel nichts anderes ein und deswegen sagte ich: Guten Tag, ich bin Matthias Hartmann, ich habe mal eine Frage, warum rufen Sie mich eigentlich nicht an? Das war dreist, aber er antwortete sofort: Ich wollte mal sehen, wer länger durchhält.

Vierundzwanzig Stunden später fuhr ich die Königsallee in Bochum hinunter. Ein grauer Winterabend, es regnete natürlich. Ich liebte es, ich liebte alles. Meine damalige Frau schaute ratlos aus dem Fenster. Sie weinte still. Wenige Monate später, oder früher, verliebte sie sich in irgendeinen Großneffen von Émile Zola, ließ sich scheiden und hieß kurz darauf auch so.

Dr. Küppers freute sich, dass unser Theater in Bochum so gut lief. Im Laufe von fünf Jahren verdreifachten wir die jährlichen Zuschauerzahlen von 90 000 auf 270 000. Kettenrauchend saß er bei Premieren in meinem Büro und machte sich darüber lustig, dass ich so nervös war. Dann fragte er immer wieder, wie es denn möglich sei, dass die Menschen im ganzen Ruhrgebiet ihr Bochumer Schauspielhaus so liebten, wir aber nie zum Theatertreffen eingeladen würden. Damals war das Theatertreffen und jede Einladung dorthin eine Art Qualitätssiegel. Immer noch steht auf Wikipedia, wie oft ein Regisseur zum Berliner Theatertreffen eingeladen worden ist. Auch Dr. Küppers, mein herrlicher

Kulturdezernent, wollte sich schließlich als Politiker überregional zeigen, in unserem Erfolg sonnen und Lorbeeren für die kulturpolitischen Personalentscheidungen einheimsen, die er getroffen hatte.

Ich nahm die Schuld auf mich, mein Trotz, meine Art, meine Ängste. Ich hatte ein Problem mit in die Ehe gebracht, das er nicht verstand. Ich war im falschen Lager, null Chance. Dr. Küppers schüttelte verzweifelt den Kopf. Er mochte es nicht einsehen. Wo doch so viel Publikum kam. In gewisser Weise bekam er später, was er gewollt hatte. Er wurde Kulturdezernent der reichen Landeshauptstadt München. Dort kämpfte er weiter gegen den Widerspruch, der ihn immer so beschäftigt hatte. Er wählte mehrmals Intendanten für die Münchner Kammerspiele aus, die in der Folge auch immer zum Berliner Theatertreffen eingeladen wurden. Allerdings hat ein Großteil des bürgerlichen Publikums diesem Theater frustriert den Rücken zugekehrt. Es hat dort seine Heimat verloren. Das in Bezug auf die Anzahl der Plätze am höchsten subventionierte Theater der Welt mit einem verhältnismäßig kleinen Zuschauerraum war in der Folge nur mehr halb voll.

Der Nackte mit dem Mikrofon im Blecheimer

Und auf genau den Mann zielt das Ganze ab, sagt unsere Marketingleiterin. Mit dem musst du ins Gespräch kommen. Der soll ganz umgänglich sein und hat in der Vergangenheit immer mal was gegeben. So um die 150.000 Schweizer Franken.

Was der macht? Sie weiß es auch nicht genau, Beteiligungen, pharmazeutischer Konzern usw. Vielleicht sollten wir vorher lieber eine Komödie spielen? Dann sind alle guter Stimmung.

Und so ist es dann auch. Anschließend gibt's ein Sponsoren-Essen bei einem Edel-Italiener im Zürcher Seefeld. Nicht wahr, Herr Hartmann, sagt die Dame neben mir, endlich wieder einmal, das war ein herrlicher Abend, so muss doch Theater sein. Applaus für mich. Danke, sage ich, das ist aber nett. Ja, also ich kann den ganzen Schiess nicht mehr sehen, sagt der Mann mit der gelben Breitling am Handgelenk. Ich werde alt, sagt er kokett, jetzt rede ich auch schon von früher, aber da war das Theater wirklich anders. Ja, stimmen ihm viele zu, als die und der So-und-so auf der Bühne standen. Das waren noch richtige Schauspieler, die konnten sprechen, die brauchten kein Mikrofon. Wenn man uns so hört, sagt ein bedächtiger Herr mit Bart, wir waren doch auch mal jung. Schon, sagt sein Kollege, da wurden aber noch echte Stücke gespielt, nicht immer diese Romandramatisierungen. Wozu gibt's denn die Theaterliteratur, oder was sagen Sie, Herr Hartmann? Aber ich brauche nicht antworten, er spricht weiter, dass man ein Theaterstück gerne auch wiedererkennen wolle. Eine Dame pflichtet bei, es gibt ja immerhin junge Menschen, die haben einen *Wilhelm Tell* noch nie gesehen. Haben die nicht auch ein Recht … Ja, sagt die Dame von gegenüber. Wir schauen uns ja alles an, aber irgendwo muss auch Schluss sein, das Abonnement würden sie bald kündigen. Ihre Freundin meint, immer diese Nackten und ein Geschrei ist das. So geht doch kein Theater. Die Welt ist schlimm genug, sagt der Herr mit Pullunder, das muss ich mir nicht auch noch jeden Abend auf der Bühne geben lassen. Neulich dieses Gastspiel aus Berlin, wisst ihr noch, das mit dem Blecheimer, das war so deprimierend. Man hätte auch nicht verstanden, wo jetzt die Aussage gewesen sei. Ging es da nicht um häusliche Gewalt? Ach Klaus, erwiderte eine andere Dame, das ist mir zu spießig. Auch die großen klassischen Dichter deutscher Zunge haben die politischen Zustände kritisch beleuchtet. *Wilhelm Tell* ist nur ein Beispiel. Und denkt an Büchner und seinen *Woyzeck*. Mochte ich noch nie, sagte der mit der Breitling. 150.000 Schweizer Franken will ich von dem. Was muss ich dem sagen, damit ich das Geld für unser Theater bekomme? Über Autos will er nicht reden. Das hatte ich schon probiert. Dabei dachte ich, dass wir vielleicht bei dem Thema einen gemeinsamen Nenner finden würden. Ganz bescheiden hat er abgewunken. Die

Garage (Schweizerdeutsch für Autohändler) würde alle drei Jahre immer das neue Modell bringen. Michaela, wie heißt der jetzt? Mercedes, sagt sie, ein blauer. Das Modell weiß er nicht. Aber lassen Sie uns doch wieder zum Thema kommen, es war doch gerade so interessant. Ich schwitzte, habe schon das dritte Glas Bordeaux gestürzt. Von ganz hinten, der weißhaarige Herr mit Tweed-Sakko und gütigem Lächeln, ergreift großzügig das Wort. Hier sind jetzt viele Meinungen am Tisch. Wir haben doch einen Mann vom Fach hier, warum lasst ihr nicht einmal Herrn Hartmann reden? Lieber Herr Direktor, das interessiert uns jetzt aus berufenem Munde, wie geht Ihrer Meinung nach Theater? Alle schauen gespannt zu mir. 150.000 Schweizer Franken! Puh. Schelmisch kommt's vom dünnen Glatzkopf gegenüber: Er weiß es auch nicht.

Ich lache mit, da haben Sie recht. Also, … hm … wenn ein splitterfasernackter Mann in einem Blecheimer auf einer Bühne steht und aus dem Telefonbuch alle Opfer von häuslicher Gewalt seit 1983 in Berlin in ein Mikrofon schreit und Sie alle hier das toll finden, dann ist das Theater. Alle lachen. Der gütige Herr im Tweed fühlt sich nicht ernst genommen. Herr Hartmann, das ist ein gutes Beispiel, denn das meinen Sie nicht ernst, das kann ja gar nicht gut sein. Ich gebe zu, sage ich, es ist schwer. Vielleicht würde ich mir auch einen Stoff aussuchen, der mehr für die Bühne taugt, als das Berliner Telefonbuch von 1983. Ich kenne auch nicht viele Schauspieler, die das so performen würden, dass Sie alle das hier gut finden. Martin Wuttke vielleicht. Wenn es aber gelingt, hat Theater wieder bewiesen, dass es keine Regeln braucht und nie jemand sagen können wird, was es ist, wie es zu sein hat und wieso es scheitert. Es muss einfach gut sein. Dann ist alles erlaubt. Grenzenlos alles. Außer echter Mord, sagt grinsend eine verwackelte Dame mit beigen Strickstrumpfhosen. Ja, antworte ich, deswegen gehen wir ja auch ins Theater, wo immer alles behauptet wird. Eine echte Pistole kann ja auf der Bühne nicht schießen.

Die 150.000 Schweizer Franken habe ich bekommen.

Ich kenne diese Leute aus Sponsorentreffen, Rotary-Clubs und Speisewagen-Begegnungen. Sie sind ehrlich und neugierig und humorvoll genug, ihre Vorurteile an einen x-beliebigen Nagel zu hängen.

An der Tür fragt Michaela, ob sie mich noch ein Stück mitnehmen dürften. Ja gerne. So könnte ich vielleicht auch den blauen Mercedes sehen. Ein Kombi, das gibt's doch nicht. Wo geht's denn hin? Ach, auf die andere Seite vom See, ich habe noch einen Termin. Was, jetzt noch? Ja, sage ich, mein Büro ist unerbittlich. Wenn ich vor 22.00 Uhr fertig bin, soll ich mich melden und mich bitte noch auf ein Glas mit einem Dramaturgen treffen, den mein Team sich als Verstärkung für meine nächste Direktion am Burgtheater in Wien wünscht. Der Tag hat zu wenige Stunden für Proben, Vorbereitungen, Sitzungen und solche Sponsorenessen usw. Bei uns im Theater haben alle den Bewerber bereits getroffen und finden ihn richtig, er fährt morgen wieder zurück nach Graz, also letzte Chance für mich, den Segen zu geben. Dann fahren wir Sie noch kurz herum. Ade, Herr Hartmann, und Buona Fortuna. Schade, dass wir Sie verlieren, aber wir kommen dann nach Wien. Passen Sie gut auf sich auf, das ist ein gefährliches Pflaster. Danke. Gute Nacht.

Der Dramaturg wartet schon im Dunkeln vor dem Haus auf der Treppe. Schwarze Vans, beige Reißverschluss-Strickjacke aus den Seventies. Ambitionierter kann man nicht unambitioniert ausschauen. Warum hast du nicht geklingelt, meine Frau hätte dir doch geöffnet. Schön, dich kennenzulernen. Weiß oder Rot? Stück Käse? Ich hab schon gegessen. Na gut. Gern. Setz dich, da hast du einen schönen Blick auf den See. So, dann erzähl mal, meine Leute sagen, jemand wie du fehlt uns, um etwas beizutragen, was wir nicht abdecken, was uns aber gut anstehen würde. Wovon träumst du? Wovon ich träume? Er wird rot. Das klingt gleich so, puh, das ist … soll ich erst mal erzählen, was ich bisher so gemacht habe und wofür ich mich interessiere, das ist vielleicht nicht gleich so pathetisch? Von mir aus. Er ist mir sympathisch, soll er erst mal erzählen. Der Rotwein tut gut. Ich werde furchtbar müde, setze mein interessiertestes Gesicht auf, um ihn zu ermutigen. Schaue ich interessiert genug? Ich beobachte mein interessiert ausschauendes Gesicht im Spiegelbild der Fensterscheibe vor dem nächtlichen See und verliere den Faden. Schallwellen aus Worten driften ohne Sinn durch den Raum. Ich versuche, Anschluss zu finden und verstricke mein Hirn darin, Räume zu übersetzen oder soziale Ordnungen in theatrale Formate für Installationen der Projekte auf der Höhe des Diskurses, wo keine Gender-Stereotypen reproduziert werden, die rein affirmativ projekthafte Zugänge in kontextualen Bewertungsmaßstäben für überkommene Narrative reproduzieren mit Überschreibungen im Sinne einer Intervention im Blecheimer, da ist er wieder, mit Hall, Blechchchcheimerrrr …

Es macht einen ohrenbetäubenden Knall. Ich stehe vom Boden auf, entschuldige mich. Er schaut bestürzt, äußert Verständnis. Nach einem so anstrengenden Tag. Da kann man schon mal einschlafen. Ist ihm auch schon passiert.

Vielen Dank. Es ist mir so peinlich. Ich habe einen furchtbaren Schmerz. Meine Frau kommt herein. Sie hat den Knall bis oben gehört. Was ist passiert? Oh weh, wie siehst du denn aus? Da steckt ja ein Knochen aus deiner Brust. Der Dramaturg entschuldigt sich fortwährend. Ach was, du kannst doch nichts dafür. Halt doch mal die Fresse! Sie versucht, den Knochen wieder hereinzuschieben. Aarrgh, so ein Schmerz! Du musst ins Krankenhaus. Schlüsselbeinbruch.

Der Doktor will wissen, wie das passiert sei. Ich bin vor Langeweile eingeschlafen und vom Stuhl gefallen. Alle lachen. Das muss morgen sofort operiert werden. Dann ein paar Tage Ruhe. Das geht nicht, sage ich. Ich habe eine Pressekonferenz in Wien für die neue Direktion des Burgtheaters. Er lacht. Das können Sie knicken. Ich lache auch und sage, dass ich da ganz bestimmt hinführe. Er sagt, dass ich da ganz bestimmt nicht hinführe. Wir lachen wieder alle. Er schaut mich an, dann meine Frau. Er versteht: Sie verlassen das Krankenhaus auf eigenes Risiko.

Nach der Pressekonferenz ruft mich mein Freund Jimi an, ein Sportarzt aus Bochum. Ich hab deine Wiener Pressekonferenz auf *3Sat* gesehen. Du hast dich so merkwürdig bewegt und so zusammengepresst gesprochen, als hättest du einen Besen verschluckt. Ist alles ok? Ich weiß nicht, mir geht's dreckig, fühlt sich an, als hätte ich mir am zeitgenössischen Diskurs den Hals gebrochen.

Das bürgerliche Publikum, eine Liebeserklärung

Viele Regisseure können schlüssig erklären, warum ihre Theater leer sind. Der Intendant eines bedeutenden Theaters in der Schweiz, mit dem ich vor meinem Rauswurf aus Wien noch befreundet war, meinte kürzlich, er habe ein ganz spezielles Publikum im Sinn gehabt, das sei gerade nicht oder noch nicht gekommen. Das bürgerliche Publikum bliebe jetzt erst einmal weg, sein Theater sei nichts für sie. Das suche er auch nicht. Bald werde man ihn jedoch verstehen, dann werde ein neues, ein progressiveres und jüngeres Publikum kommen. Sein Theater sei kein profanes Massenprodukt. Er sehe es nicht als seine Pflicht, ein oberflächliches und vergnügungssüchtiges Publikum zu unterhalten.

Das bürgerliche Publikum ist zwischenzeitlich weggeblieben. Aber gibt es das überhaupt, das bürgerliche Publikum? Und was zeichnet es aus? Konstituieren sich Bürger nicht überhaupt erst, indem sie ins Theater gehen?

Abends in der Kantine, wenn Theaterleute beim Feierabendbier ehrlich werden, loten sie witzig ihre Karrierechancen aus. Für die Leitung eines Theaters am besten eine Frau, noch besser mit Migrationshintergrund. Die größten

Chancen gibt man einem Künstler-Kollektiv. Tatsächlich suchen Kulturpolitiker, die sich progressiv positionieren wollen, Menschen für die Leitung der Theater, deren Programm und künstlerische Ausrichtung nicht bürgerlich sind. In reichen Großstädten sind zudem alternative Orte entstanden, wo man aufgrund der flexiblen Struktur besser auf moderne Kunstformen des Theaters reagieren kann (Modell Kampnagel, Hamburg usw.). Die etablierten Theater sollen antibürgerlich geführt werden. Und weil die Häuser in ihren Strukturen zu unbeweglich sind, um progressive Produktionsprozesse zu ermöglichen, werden alternative Orte geschaffen. Das ist ein Widerspruch.

Um Zielgruppen zu definieren, damit die Konsumgüterindustrie ein »Tool« hat, ihre Waren gezielter zum Kunden zu bringen, werden Marketingagenturen beauftragt. So auch fürs Theater. Wenn man ihren Studien zu den unterschiedlichen sozialen Milieus glaubt, dann leben Künstler, weil sie andere Lebensläufe als Bürgerliche haben, in einer anderen »Bubble«. Das führe dazu, dass Kunst im Theater nur für die eigenen Bedürfnisse gemacht werde, deswegen würden sie einen Teil des Publikums verlieren. Klingt vordergründig richtig. Das würde also bedeuten, dass die Künstler für eine bürgerliche Zielgruppe produzieren müssen, um an mehr Publikum zu kommen. Ich glaube nicht, dass das funktioniert. Mit einer Zielgruppe zusammenpassen zu wollen, für sie zu produzieren, das klingt für mich wie der Algorithmus, der meiner Tochter immer die gleichen Modeseiten auf ihr Handy spielt. Sie konnte zwischenzeitlich der Meinung sein, dass eine ganz bestimmte Hosenform jetzt im Trend ist. Dass es nur für sie und den Kreis gleichgesinnter Girls so zu sein schien, war ihr nicht bewusst.

Wie überheblich ist es auch, wenn man mit diesem oder jenem Publikum zusammenpassen will. Das sind keine anderen, das Publikum ist man selbst, man besteht aus ihm. Ohne das Publikum existiert man nicht. Man lebt mit ihm, sitzt mit ihm in Wartezimmern und Restaurants, geht in dessen Kanzleien und Behörden. Um diese Leute geht es. Um einen selbst.

Ein anderer Ex-Freund von mir biedert sich beim Publikum an. Er würde Theater für sie, für die Bürger machen. Schon wieder ein Missverständnis. Wieder so von oben herab. Was heißt das denn? Theater für sie? Wer sind die? Schon wieder sind das andere. Ist das Theater für Leute, die irgendeine Behinderung haben? Weil sie angeblich weniger verstehen? Sind sie intellektuell schwerhörig oder kurzsichtig oder nicht mehr gut zu Fuß? Sie wollen nicht, dass man Theater für sie macht, denn sie sind der Grund dafür, dass Theater existiert.

Menschen in unterschiedlichen Bubbles bleiben für sich und wollen durch nichts gestört werden. Störung aber ist wichtig. In den großen Städten lebt es sich schon lange gut ohne Störung. Mit wem ich mich abends verabrede, kann ich mir aussuchen, es gibt ja genug Gleichgesinnte. Warum auch nicht, wenn ich doch wählen kann? In der Bubble gibt es weder die Not noch die Chance, sich mit Menschen auseinanderzusetzen, die anders sind.

Seit vielen Jahren fahre ich in Griechenland immer in die gleiche Gegend. Mittlerweile lebe ich dort auch. Es gibt dort viele Menschen aus dem westlichen Kulturraum, mit denen ich normalerweise nichts zu tun hätte. Uns verbindet nur, dass wir nicht dort sozialisiert sind und dass wir Deutsch oder vielleicht Englisch sprechen. So hat sich über viele Quadratkilometer eine Art Dorf entwickelt. Keine Bubble. Die Wahlmöglichkeiten, die ich in der Großstadt hätte, mich mit Gleichgesinnten zu verabreden, habe ich dort nicht. In Dörfern gab es bigotte Pfarrer, gewalttätige Lehrer, geizige Krämer, die gütige Trude, den Dorftrottel und andere Sonderlinge. Die gibt's bei mir in Griechenland auch. Nur räumlich ausgedehnter als in einem Dorf. Man muss sich gegenseitig aushalten. Man spricht zusammen an der Supermarktkasse, hilft beim Keilriemen, beim Wasserschaden oder beim Transport zum Arzt. Aber auch die Drogensucht des Schwagers geht einen etwas an, und zum Geburtstag wird man auch eingeladen, obwohl er so stinkt und sie immer nur vom Geld spricht. Man kann nicht wählen, so ist man zwangsverbunden und muss seine sozialen Fähigkeiten schärfen. Man erlebt eine Welt, die man sich nicht ausgesucht hat. Das ist gut. Was mir in meinem griechischen Dorf begegnet, passt in keine Zielgruppe und beschreibt kein umrissenes Konzept.

Im Zentrum unserer Städte stehen ganz sexy die herrlichsten Theater. Sie sind für alle da, die sich nicht in Zielgruppen und Bubbles sortieren lassen und die diesen Ort brauchen können, um sich im positiven Sinne aneinander zu stören. Ich wünsche mir ein Theater, das polyperspektivisch ist und integrativ.

Deswegen funktionieren Theater auch in traditionellen Zusammenhängen anders als beispielsweise das Kino. Ins Kino geht man, wenn der neue Film von Quentin Tarantino draußen ist, ins Theater geht man als Teil seines Lebensrituals. Das Publikum begleitet sein Theater mit erstaunlichem Durchhaltevermögen. Mein Steuerberater meint, das Bühnenbild habe dieses Mal überhaupt nicht gut gefallen, viel zu dunkel, der geliebte Hauptdarsteller wäre in der letzten Rolle besser gewesen, moderne Literatur könne der nicht so gut, dafür sei sie wieder großartig usw. Es ist nicht das singuläre Ereignis, nicht der Event, der zählt, es ist die treue Begleitung eines kontinuierlichen Vorgangs, der mit dem Publikum spielt.

Meiner Erfahrung nach reagiert das sogenannte bürgerliche Publikum neugierig auf das, was ihm fremd ist. Wählerischer und arroganter sind die, die von ihrem Selbstverständnis progressiv sind. Sie grenzen sich eher ab, um sich zu definieren. Sie wissen meist schon, was sie suchen, und vor allem, was sie deswegen nicht zu finden hoffen. Dieses ideologische Abgrenzen findet man eher am Theater als sonst irgendwo in der Gesellschaft. Es ist einbahnstraßig, es kommuniziert nur in eine Richtung. Und es diskreditiert das, was am Theater politisch ist. Den Diskurs.

Was geschieht, wenn das Publikum das Theater aus den Ritualen seines bürgerlichen Lebens löscht?

Wohin?

Die Senatorin für Kunst der Freien und Hansestadt Hamburg bot mir an, das Deutsche Schauspielhaus zu leiten. Riesiger Jubel. Wir hatten es geschafft. Fort ans größte Theater in Deutschland. Alle kamen in mein Büro und feierten ausgelassen. Ich schaute ihnen zu, freute mich und fürchtete mich zugleich wieder. In Bochum war ich in meinem Hasenstall. Das hatte ich gewollt. Den Hasenstall hätte ich in Hamburg nicht. Was würde jetzt passieren?

Ich würde Teil dieses Ranking-Spiels werden. Die Feuilletons produzierten ein Bedeutungsranking, eine Hierarchie unter den Theatern in Hamburg, München und Berlin, aber für das Publikum machte das wenig Sinn. Das Publikum reiste ja nicht in die verschiedenen Städte, um zu vergleichen, wer am bedeutendsten ist.

In Hamburg gibt es gleich zwei große Theater. Das Ranking ist dort seit jeher noch grausamer und hat in der Vergangenheit schon viele Verletzte gekostet. Ich hatte Angst. Ich ahnte, was da auf mich zukäme. Ich liebe Hamburg, aber ich wollte da nicht hin. Ich sei verrückt, hätte einen Verfolgungswahn. Kann schon sein. Ich kam mir etwas albern vor. Sollten meine Entscheidungen denn immer von der Hasen-Angst geleitet sein? Ich könnte mich doch auch wehren, oder? Oder mich anders geben. Porsche verkaufen. Ich habe einen besonders scharfen Bedeutungshüter, einen Theaterkritiker der *Süddeutschen Zeitung*, zu einem Interview extra in einem alten Cord-Sakko und orangefarbenen New Balance empfangen. Dieser Kritiker und sein Kollege vom *Spiegel* standen immer mit New Balance bei wichtigen Premieren zusammen. Aber es ging schief. Der Mann schrieb in seinem Artikel, ich trüge zwar New Balance, das sei aber Tarnung, ich hätte trotzdem keine Ambivalenz. War das überhaupt wichtig oder bestand mein Verfolgungswahn jetzt darin, dass mich das so maßlos verletzte?

Ich dachte an Michael Bogdanov, diesen lustigen und listigen Regisseur aus Wales. Er war überall in der Welt erfolgreich gewesen, bis er nach Hamburg kam. Mit der English Shakespeare Company hatte er Triumphe gefeiert, er hatte am Broadway in New York reüssiert und auch als Intendant des Deutschen Schauspielhauses in Hamburg hatte er die meisten Zuschauer seit Gründgens. Aber das änderte nichts.

Er scheiterte daran, dass er das deutsche Ranking-System nicht verstanden hatte. Man warf ihm vor, zu gefällig zu sein. Volles Haus hin oder her. Deswegen hatte er nicht genug Bedeutung. Er hatte die theaterpolitischen Dauer-Attacken auf sich persönlich genommen und verzweifelt aufgegeben. Nirgendwo, in keinem anderen Bereich des gesellschaftlichen Lebens, wird aggressiver geschmäht und ungestrafter beleidigt als in der deutschen Theaterkritik. Nirgendwo wird man mehr abgekanzelt und der Bedeutungslosigkeit bezichtigt. Ein Horrorfilm tat sich vor mir auf. So wie ich war, würde ich es nicht schaffen. Hase, flieh. Wohin? Ganz bestimmt nicht nach Hamburg. Kriegen die mich trotzdem? Ja, natürlich, das schaffen die! Kommt gleich.

Der Bedeutungsmarkt, eine Kryptowährung

Mit Bedeutung kann man den Tod überwinden. Nicht direkt den physischen Tod, aber die Angst davor, und die ist ja das Schlimmste daran. Wenn man zu Lebzeiten weiß, dass man für immer mit dem Schicksal einer Nation verbunden wird und in allen Schulbüchern steht oder eine Straße, ein Platz, ein schicksalsträchtiges Datum nach einem benannt ist, dann geht man erhobenen Hauptes in den Tod. Er kann einem weniger anhaben. Etwas lebt weiter. Wer wäre nicht gerne bei der eigenen Bestattung zugegen, um zu hören, wie die Zurückgelassenen um einen trauern? Es würde trösten, von allen beweint zu werden und in geschätzter Erinnerung zu bleiben. Anders als der traurige Wieland wussten Goethe und Schiller schon zu Lebzeiten, dass sie einst bedeutend werden würden, und es hat sie ob ihres bevorstehenden Todes getröstet.

Cheops baute Pyramiden für die Zeit nach seinem Tod und stellte riesige steinerne Antennen auf, die seine Bedeutung in die unendliche Zeit transmittieren. Der Vorstandsvorsitzende eines internationalen Autokonzerns sieht sein Konterfei in der Ahnengalerie, der mittelständische Unternehmer einer Glasfabrik im Sauerland schenkt seinen Mitarbeitern die vom Ghostwriter geschriebene Autobiografie, der Schützenkönig braucht fürs Überleben seinen Super-Pokal zwischen den Pokalen der Nachbarn, bevor er sonst sterbend in der Bedeutungslosigkeit der anderen Dorfbewohner versinken würde.

Heute gibt es mediale Bühnen, die den Bedeutungssüchtigen Linderung versprechen. Denn auch die Medien, die sich im Konkurrenzkampf gegeneinander behaupten müssen, sind abhängig geworden von denen, die ihrem Sterben mit Hilfe der Bedeutung entgegentreten wollen. Früher war Bedeutungssucht wie Opium, jetzt ist es Crystal Meth. Du fürchtest dich vor der Bedeutungslosigkeit und dem schmachvollen Tod? Dann liefere ich dir hier eine Spalte Text in meiner Zeitung oder eine Sendung, einen Platz in einer Castingshow, eine Reportage oder ein Interview. Je bedeutungsvoller du bist, desto unsterblicher wirst du – nur ich kann dir die Bühne dazu bieten, nur ich: das Medium. Die sozialen Medien bieten den Todesflüchtigen und Bedeutungssüchtigen für ihre Selfies auf der Karlsbrücke und vor dem Louvre ein größeres Forum, als die einsame Existenz sie sonst je erreichen könnte. Einen Verstärker für das einsame Ego. Ein Suchtmittel, die vermeintliche Rettung vor dem Tod.

Im Theater hat diese Symptomatik noch eine ganz andere Dimension. Bedeutung ist für die Menschen am Theater noch wichtiger, weil ein Theaterabend mit dem Applaus und dem Schlussvorhang erlischt. Ganz selten, und wie schön ist das dann, hält einen eine ältere Dame am Anorak in der U-Bahn fest und erzählt, wie großartig es damals war, *Die Jungfrau von Orleans*. Was waren das für Zeiten! Aber eigentlich bleibt nichts übrig. Kein Buch, kein Bild, kein Film. Es ist wie Sterben. Es ist unerträglich vorbei.

Theaterleute brauchen Trost, sie brauchen mehr Bedeutung als alle anderen Menschen.

Das Publikum entschied in den letzten 30 Jahren aber nicht über die Bedeutung des Theaters in seiner Stadt. Darüber entschied das Feuilleton. Und zwar völlig unabhängig davon, ob das Publikum das Theater besuchte oder nicht.

Tatsächlich ist das Publikum immer seltener in genau jene Theater gegangen, die von den Fachjournalisten besonders ausgezeichnet wurden. Als bestünde hier ein kausaler Zusammenhang. Die Theaterleute lebten gut damit, Bedeutung erhöhte ihren Marktwert. Es änderte aber meistens nichts daran: Je höher das Ranking bei den Fachjournalisten, desto weniger Zuschauer in den jeweiligen Theatern. Die Theater, die noch nicht so bedeutend waren, aber bedeutend werden wollten und deswegen alles taten, um von den Fachjournalisten wahrgenommen und ins Ranking aufgenommen zu werden, waren ebenfalls schlecht besucht. Anders war es bei den Theatern, die von den Fachjournalisten kaum wahrgenommen wurden, sie hatten tendenziell mehr Zuschauer. Es ging so weit, dass gut besuchten Theatern die Bedeutung abgesprochen wurde.

Dass Bedeutung eine relevante Währung ist, ist nichts Neues, in den 70er-Jahren haben machthungrige intellektuelle Diskursführer wie Professor Henning Rischbieter und Dramaturg Ivan Nagel eine Krypto-Währung erfunden, mit der man für den Erfolg am Theater mit Bedeutung bezahlt wird.

Bedeutung ist wertvoller als der Applaus beim Publikum. Das ist verständlich. Theaterleute sind erfolgsbedürftig. Sie wollen Applaus. Den spendet allabendlich das Publikum, aber nur im eigenen Haus. Viel geiler ist es aber, wenn der Erfolg überregional in den Medien erzählt wird. Dann ist der Erfolg nicht nach der Theatervorstellung beim Feierabendbier vorbei, sondern er lebt noch eine ganze Woche lang überregional im Nachrichtenmagazin. Daran bindet sich die süße Verlockung überregionaler Aufmerksamkeit und folglich mehr Engagements und höhere Gagen. Daran bindet sich auch das Interesse von Kulturpolitikern. Kulturpolitiker wie mein lieber, kettenrauchender Dr. Küppers aus Bochum wollen mit ihren Personalentscheidungen medial punkten. Das entscheidet über ihren politischen Erfolg.

Und so hatte sich ein Kraftwerk gebildet, das aus drei Reaktorblöcken bestand: aus Kulturjournalisten, Theatern und Kulturpolitikern. Die Kulturjournalisten boten den Theatern einerseits und den Kulturpolitikern andererseits die Plattform für deren Bedeutung. Sie tun es immer noch. Nur nicht mehr so erfolgreich. Sie konsolidieren dadurch ihre eigene Daseinsberechtigung, weil sie so zu gesellschaftlich relevanten Playern werden. Die Politiker versuchen, sich medial in Szene zu setzen und gute Noten zu bekommen, die im nächsten Wahlkampf wichtig sind. So wurden Theater überregional bedeutend. Das System war somit geschlossen und half allen.

Was fehlte? Das Publikum.

Publikum fehlte nicht nur, das Publikum störte und stellte in diesem geschlossenen Kreislauf sogar eine Gefahr dar. Wenn man mit der Energie aus dem Drei-Blöcke-Kraftwerk – Fachjournalisten, Kulturpolitiker und Theaterstrategen – so effektiv Bedeutungs-Währung schürfen konnte, dann war das launische Publikum gefährlich für die Bedeutungsschürfung, eine Art Störfall. Das Publikum hielt sich nämlich nicht an die streng geregelten Abläufe und Parameter des Kraftwerks. Das Publikum entscheidet impulsiv und nicht strategisch. Es kommt, wenn es sich gemeint fühlt, nicht, wenn es belehrt oder mit seichter Unterhaltung getröstet wird. Es will ebenbürtig sein. Das Publikum will der Grund sein, warum Theater überhaupt stattfindet. Wenn es diesen Grund nicht gibt, versteht das Publikum nicht, warum es überhaupt kommen soll. Das Publikum ist der Protagonist.

Die Münchner Kammerspiele sind auf jeden Zuschauerplatz gerechnet das am höchsten subventionierte Theater der Welt. Mein herrlicher Dr. Küppers aus Bochum hat dort Barbara Mundel zur Chefin gemacht. Über sie schreibt der Journalist Peter Laudenbach in der *Süddeutschen Zeitung* vom 10. Oktober 2022:

Barbara Mundel, Intendantin der Münchner Kammerspiele, reagierte gereizt, als sie in einem Interview mit der Münchner Abendzeitung *auf ihre schwachen Zuschauerzahlen angesprochen wurde: »Manchmal beschäftigen mich doch tatsächlich auch andere Fragen.« Die Orientierung am Publikumszuspruch scheint ihr suspekt zu sein: »… ich finde, das ist eigentlich auch nicht unser ganzer Auftrag. Das ist doch nicht das, wofür wir Subventionen bekommen!«*

Im Zweifel sind in den Augen der Münchner Intendantin ohnehin nicht die Theater für Auslastungsprobleme verantwortlich, sondern die »Krise der Gesellschaft«. Heißt: Je leerer mein Theater, desto bedauernswerter die Leute da draußen. »Was genau wollen wir denn am Rückgang der Zuschauerzahlen ablesen, wo es doch ganz klar ist, dass Theater und Kino für unsere Gesellschaft ganz wichtig sind?«, glaubt Mundel. So gesehen könnten die Bühnen im Zweifel auch ganz ohne Zuschauerinnen und Zuschauer auskommen, für die Gesellschaft wären sie schon aus Prinzip von ewiger Bedeutung.

Der Reaktorblock zur Gewinnung von Bedeutungs-Währung existiert schon lange. Interessant ist, dass er während der Pandemie besonders heiß lief, obwohl es keine Aufführungen gab. Er lief heiß, weil sich das Theater vor allem mit sich selbst beschäftigte. Das Publikum aber, das pandemiebedingt nicht mehr oder nur noch selten kommen durfte, hatte dem Theater in Wahrheit gar nicht gefehlt. Das Theater war immerhin medial weiterhin präsent. Es hatte sich weiterhin ausschließlich mit internen Machtstrukturen und seinem gesellschaftlichen Impact beschäftigt, und dafür braucht es kein Publikum. Jetzt wurde die Frage nach der Relevanz des Publikums für das Theater sichtbar und war nicht mehr vom Tisch zu wischen, das Kraftwerk lief heiß.

Deswegen ist es jetzt auch unfair von den Kulturjournalisten, nach der Ursache des Problems zu fragen, wo sie doch als ein Block des Bedeutungs-Kraftwerks selbst ein Teil des Problems sind. Blöde Sache. Wie können sich Journalisten über sich selbst beschweren?

Es handelt sich um einen zutiefst kapitalistischen Vorgang. Ausgerechnet, muss man sagen, ausgerechnet am Theater. Das Theater ist doch der Aufklärung verpflichtet, es ist von der staatlichen Subvention geschützt und hat die gesellschaftliche Verantwortung, sich den gemeinen Gesetzen des Marktes trotzig entgegenzustemmen. In gewisser Weise tut es das auch. Es ignoriert die Marktprinzipien an der Theaterkasse. Anders als es das Kino tut, als es jeder Maler, Komponist oder Autor tut. Ist Arte vielleicht der schlechtere Sender als RTL, nur weil dort weniger Quote gemacht wird? Eben. Die brutale Logik des Marktes ist also keine Direktive.

Doch Achtung: Diese Betrachtungsweise ignoriert die Tatsache, dass der Markt der Krypto-Bedeutung noch brutaler funktionierte, weil er im Verborgenen wirkte und weil nicht einmal diejenigen, die ihn betreiben, die mit ihm erpressen und instrumentalisieren, sich offen eingestehen, von ihm zu profitieren.

Diejenigen, welche die Kryptowährung Bedeutung schürfen und handeln, waren sich jedoch schon immer darüber im Klaren, wie wertvoll diese Währung ist. Je mehr Bedingungen sie an den Erwerb dieser Währung knüpften, desto kostbarer wurde sie. Sie hielten und halten das Monopol zur Schürfung dieser Währung und ihre Vergabe war stets an sehr strenge Auflagen geknüpft.

Dieses Phänomen ist gut getarnt, man begegnet ihm aber im praktischen Theaterleben unaufhörlich. Bei einer Aufführung an der Theaterakademie in Zürich habe ich vor vielen Jahren einen jungen Stückeschreiber namens Lukas Bärfuss und seinen Regiepartner David Bösch entdeckt. Ein begabtes Team. Großartig. Ich engagierte beide. Das sprach sich schnell rum. Die Kammerspiele in München unter Baumbauer waren das avancierteste Theater in Deutschland, hatten den avanciertesten Spielplan und versammelten die avanciertesten Künstler. Sie boten mehr Bedeutung und mehr Geld und hatten auch ihre Finger nach Lukas Bärfuss ausgestreckt. Ich würde ihn verlieren. Also fuhr ich nach München und unterbreitete dem Chefdramaturgen und Strategen des Theaters Tilman Raabke ein Angebot. Jetzt, wo sich so viele Theater für den jungen Autor Lukas Bärfuss interessierten, könnten wir ihm doch alle gemeinsam ein Jahresstipendium geben, er bekäme mehr Gage und mehr Tantiemen und schriebe frei und lustig vor sich hin, und das Theaterstück, welches dabei entstehen würde, das würden wir uns dann alle teilen. Ich sei selbstbewusst genug, erst die zweite oder dritte Aufführung von diesem Theaterstück zu machen. Strategen-Tilman war ratlos. Es klang alles logisch. Es passte aber nicht in seinen strategischen Plan, sein Theater in besonderer Weise medial zu profilieren.

Er sagte etwas hilflos: Wir machen doch ganz anderes Theater hier als ihr in Bochum. Ich antwortete, dass das Publikum in München ja nicht nach Bochum reisen würde, um die Theater zu vergleichen, und umgekehrt. Er hätte also in puncto Konkurrenz nichts zu befürchten. Tilman schnappte nach Luft. So klar durfte man das nicht aussprechen.

Wenn man dieses Phänomen benennt, werden alle Anstrengungen um die sogenannte Positionierung des Theaters im gesellschaftlichen Diskurs zu einer profanen Marketingstrategie. Und so saßen die Dramaturgen zusammen mit den Theaterdirektoren im Kreis und besprachen die Spielplankonzeption, wobei die Terminologie das kapitalistische Geschehen verschleierte. Da wurde nicht von der Macht der Fachjournalisten gesprochen, mit deren Energie man Krypto-Bedeutung schürfen wollte, oder wie in vergleichbaren Betrieben der Konsumgüter- und Dienstleistungsindustrie von B2B-Marketing statt B2C-Marketing, sondern von der sogenannten Außenwirkung. Im Gegensatz zur Innenwirkung. Das wäre dann wohl das Publikum gewesen?

Sie sprachen auch stets darüber, dass dem Theater dieses oder jenes, dieser Künstler oder jene Künstlerin »gut anstehen« würden. Für wen? Für das Publikum? Dem ist und war das egal.

Früher waren die Fachjournalisten im Feuilleton der großen Qualitätszeitungen zu Hause. Einmal im Jahr rief das Fachblatt *Theater heute* eine Runde von sogenannten Juroren zusammen, um das Ranking zu erstellen und zum jährlichen Theatertreffen in Berlin einzuladen. Wer zu dieser Runde gehörte, war ein ausgewiesener Fachjournalist und konnte sich auch bei seinem Chefredakteur damit brüsten. Das hat sich geändert. Qualitätsmedien haben ihre

Macht verloren, und sie können und wollen sich keine herumreisenden Theaterkritiker mehr leisten, denn sie haben das gleiche Problem wie die Theater: Das zahlende Publikum bleibt aus. Also hat auch auf diesem Feld das Internet übernommen. Das Ganze heißt jetzt *Nachtkritik* und ist eine Website, die der Resonanzraum über Bedeutung und Nicht-Bedeutung des Theaters sein soll. Das Publikum liest sie nicht. Den Kulturpolitikern hilft es nicht bei ihren Zwecken, die *Nachtkritik* hat zu wenig Öffentlichkeit. Das Theater und die *Nachtkritik* haben sich in ein Paralleluniversum verabschiedet. Zwar werden auch dort Hitlisten erstellt, es wird aber naturgemäß schwerer, Krypto-Bedeutung zu schürfen. Das Paralleluniversum implodiert.

Wie die Theater darauf reagieren? Viele tun einfach so, als sei alles wie immer. Von Bochum bis München, ihre Theater sind leer. Einige haben bereits gelernt. Das Publikum ist für sie wieder ein ebenbürtiger Partner im kreativen Prozess. Sie verlassen sich nicht mehr ausschließlich auf die Macht der Bedeutungsindustrie. Das Publikum kommt langsam wieder. Andere verramschen ihr Angebot und bieten sich billig feil. Wie ein Deutschlandticket von der Bahn. Oder Ticket-Packages für sechs Personen für 66 Euro. So verliert ihr Theater seinen Nimbus und ist kein kostbarer Ort mehr. Die meisten Theater lügen der Welt vor, dass es gar nicht so schlecht um sie stünde. Sie rechnen kostenlose Veranstaltungen in die Statistik oder schließen den Rang und rechnen die Zuschauer nur noch prozentual zum halben Saal. Dann sind 50 Prozent plötzlich 100 Prozent und die realen 36 Prozent sehen aus, als wären sie 72 Prozent. Andere nehmen unverkaufte oder reduzierte Tickets und verfälschen die Statistik. Im deutschsprachigen Kulturraum geben die Theater nicht einmal bekannt, wie viele Tickets sie tatsächlich zum vollen Preis verkaufen.

Seit jeher schauen die Theaterleute auf die Unterhaltungsmedien herab. Das TV zum Beispiel will sich ja nur dem Publikum andienen und Werbezeit verkaufen. Aber die TV-Leute wissen immerhin, mit wem sie es zu tun haben. Dafür haben sie hochkomplexe Messmethoden entwickelt, mit denen sie täglich analysieren, wer zu ihnen kommt. Als ich interimistisch für sieben Monate einen Fernsehsender leiten durfte, war ich fasziniert. Jeder Fernsehdirektor muss morgens zur Research. In dieser Abteilung wird mit blauen und roten Punkten, gestrichelten gelben Linien, schwarzen Schraffuren, dicken und dünnen Linien beschrieben, wann gestern wer ferngesehen hat. Wann wir ihn gewonnen haben. Wann er zu uns gekommen ist. Wann wir ihn verloren haben, an wen. Wie alt er war und wie hoch seine Kaufkraft. Ob wir ihn oder sie zurückgewinnen konnten und warum ja und warum nicht. Die Werkzeuge, die den TV-Sendern zur Verfügung stehen, hätten Shakespeare und Molière neidisch gemacht. Dabei wollten sie nicht ausschließlich das Publikum fangen, sonst hätten sie Tierhatz und Gauklerspektakel veranstaltet. Sie wollten das Publikum verführen, betören und über den Sinn des Lebens spielen. Wer das Publikum nicht ernst nimmt, wer sich über das Publikum erhebt, der tötet das Theater. Das Publikum erhebt nicht seine Stimme, es bleibt einfach weg. Und es wird immer schwerer, die Leute wieder zurückzuholen.

Der Kieferorthopäde meiner Tochter geht schon lange nicht mehr ins Theater. Seine Frau hat ihn endlich wieder überredet. *Three Birds, Moscowa,* eine sogenannte Übermalung nach Tschechow. Sie hat gelesen, dass da jetzt neue Leute sind, die das Theater leiten und nun ein frischer Wind weht. Nach 15 Minuten schläft er ein. In der Dunkelheit gefangen und in der fünften Reihe Mitte auf knarzenden Theatersesseln. Er kann frühestens zur Pause gehen. Davor ist es peinlich und unhöflich, alle Menschen in der fünften Reihe links von ihm zum Aufstehen zu zwingen, während oben auf der Bühne gespielt wird, und die Schauspieler irritiert in den Zuschauerraum blicken. Das Theater hält ihn für einen Spießbürger, der sich nicht am progressiven inhaltlichen und ästhetischen Diskurs unserer Zeit beteiligen will. Er kommt nicht wieder ins Theater. Jedenfalls lange nicht. Ungefähr fünf Jahre lang nicht. Das ist meine Erfahrung. Ich rede mit allen Kieferorthopäden darüber. Und mit deren Steuerberaterinnen und ihren Nachbarn und deren Lehrerinnen. Mit Studenten und Pensionisten. Warum nimmt man die alle nicht ernst? Jedes Konzert nimmt sie ernst und jede Ausstellung und erst recht jedes Fußballstadion.

Was hätte denn eigentlich passieren müssen, um den armen Kieferorthopäden meiner Tochter zu gewinnen?

Darüber machen sich zwar die meisten Theater Gedanken, aber die falschen. Sie setzen Musicals oder Komödien auf den Spielplan, um das Publikum zu trösten. Was für ein Missverständnis. Es zeugt davon, dass das Theater sein Publikum nicht kennt und nicht ernst nimmt. Das Publikum will meiner Erfahrung nach nicht getröstet werden. Es will, dass man ihm mündig und auf Augenhöhe begegnet. Dann geht es neugierig jeden Weg mit. Es will gemeint sein.

Ganz anders war es bei den Granden des Theaters, bei Shakespeare und Molière. Sie haben in den Vorstellungen auch noch nach der Premiere so lange an den Pointen raffiniert und sich um die Aufmerksamkeit des Publikums bemüht, bis die Menschen im Zuschauerraum aufgehört haben, zu quatschen, herumzulaufen und zu essen. Notfalls haben sie einen Bären auftreten lassen, um den Kieferorthopäden meiner Tochter daran zu hindern, einzuschlafen. Sie wussten aber auch, wie das geht. Deswegen waren sie die größten Theaterkünstler aller Zeiten.

Ich behaupte, dass es im deutschen Kulturraum höchstens eine Handvoll Regisseure gibt, die das technische Können besitzen, um die Aufmerksamkeit der Zuschauer zu fesseln.

Das Theater war in der Vergangenheit ein gut bezahltes Dilettantenversteck und hat vielen Künstlern in seinem virtuellen Bedeutungsraum Zuflucht und Schutz geboten.

Picasso konnte realistisch malen, Schönberg und Alban Berg waren Virtuosen an der Violine und am Klavier. Technisch wussten diese Künstler, wovon sie sprechen. Regisseure und Regisseurinnen hingegen, die am Theater mit der Kryptowährung Bedeutung teuer bezahlt werden wollten, brauchten kommunikationsstrategisch ein medial eindeutig zu kommunizierendes Label und ein gesellschaftlich relevantes Motiv. Dann ging was, dann waren sie im Geschäft.

Viele Regisseure sind seither mehr mit dem Stylen ihres medialen Images beschäftigt als mit ihren Inszenierungen. Sie entscheiden oft über ihren Stil, bevor sie ihn gefunden haben. Am Hamburger Schauspielhaus, am strategischen Hotspot des Theaters, war man der Meinung, dass beim jungen Hartmann das Image des künstlerisch und politisch avancierten Künstlers nachgeschärft werden müsste. Also gab man mir das Theaterstück *Raststätte, oder Sie machens alle* zur Uraufführung. Rein spekulativ ein guter Plan. Mit

Jelinek würde ich beim Feuilleton das Klischee unterlaufen, das sich immer stärker verfestigte. Jelinek war der hotteste Shit, den man damals am Theater zur Uraufführung bringen konnte. Ich war zu blöd, verstand den Plan nicht. Ich wollte jedenfalls lieber Ibsens *Peer Gynt* inszenieren. Hätte ich mich von den klugen Ratschlüssen der gewieften Imagestrategen dieses Theatersystems leiten lassen, wäre mein Leben anders verlaufen. Unproblematischer fürwahr. Aber auch ohne Porsche.

Ich habe mich oft gefragt, warum eigentlich nur die Autoren am Publikumserfolg partizipieren. Sie sind die einzigen Unternehmer am Theater, sie tragen das Risiko und sind auch noch abhängig davon, was die Regisseure mit ihren Stücken veranstalten. Hat ein Autor ein gutes Stück geschrieben und ein schlechter Regisseur vermasselt den Abend, dann verdient der Autor kein Geld. Wie unfair ist das denn? Warum tragen die Regisseure kein Risiko? Im Film und Fernsehen tun sie das. Sie verdienen erst ab einem gewissen Break-even-Point. Auch wenn sie sogenannte Arthouse-Filme machen, die nicht selten mit staatlichem Geld gefördert werden. Es ist ihre Entscheidung, ob sie das Genre wählen, mit welchem sie mehr oder weniger Geld verdienen.

Warum hat das Publikum keinen anderen Hebel, als wegzubleiben? Wie kann man die Stimme des Publikums gleichwohl vernehmbar werden lassen?

Ja, wohin denn nun?

Hamburg also nicht. Hasenangst. Dann kam Zürich. Der Stadtpräsident von Zürich (Schweizerdeutsch für Bürgermeister) fragte mich ebenfalls, ob ich das Theater in seiner Stadt übernehme. Ich sagte auch wieder nein. Wollte immer in Bochum bleiben. Das Theater in Zürich hatte viele Einladungen zum Berliner Theatertreffen, das bürgerliche Publikum war fortgeblieben. Der Stadtpräsident Elmar Ledergerber, eine Art Tony Blair der Schweiz, bat mich, ihn und den Verwaltungsrat des Schauspielhauses wenigstens zu besuchen und sie zu beraten, was ihnen bei der Suche nach einem neuen Leiter ihres Theaters helfen könnte. Ein Berater sollte ich sein. Das schmeichelte mir. An einem lauen frühsommerlichen Abend stand ich neugierigen Entscheidern im Stadthaus (Schweizerdeutsch für Rathaus) gegenüber. Ich redete mich in Laune. Ich sprach über das Publikum und darüber, wie man sein Vertrauen gewinnt. Wie schnell es wieder verspielt werden kann und wie lang es dauert, bis man es zurückerobert. Das Profil desjenigen, den ich entwarf und ihnen als neuen Intendanten für ihr Schauspielhaus empfahl, wurde im Laufe des Vortrags immer mehr zu einem Selbstporträt. Der Stadtpräsident ließ Wiisswii (Schweizerdeutsch für Weißwein) holen, die warme Luft strömte durch die offenen Fenster, ich konnte mir nicht vorstellen, dass es hier einen Haken gab. Wir waren alle beschwipst und gingen runter in die Frauenbadi (Schweizerdeutsch für ein Schwimmbad, das an gewissen Tagen auch von Männern besucht werden darf). War das alles ein Traum? Die Entscheider und ich saßen barfuß an der Limmat in der Nacht. Die Tram fuhr in Zeitlupe über die Quaibrücke am Bellevue, der Nachthimmel funkelte nach Freiheit, Flucht, Sicherheit. Zürich? Ein herrlich hasiger Haken auf der Theaterwiese, ein Umweg, denn ganz ehrlich: Ich wollte gern nach Wien. Mein Traum. Ans Burgtheater. Die Spitze. Von Hamburg aus hätte ich das nie geschafft. Dort hätte ich mich zwischen den Meinungsfürsten und Bedeutungsspendern aufgerieben, sonst jedenfalls an der eigenen Paranoia. Ich hätte tausend Kapriolen gemacht, Scheiße gefressen und wäre in Ärsche gekrochen. Und auch das hätte nichts genützt. Hase lauschte, wie in Hamburg die Büchsen gespannt wurden. Schreck beim kleinsten Geräusch. Also auf nach Zürich. Und zwar mit einem wirklich sehr eleganten Widerhaken. Da kam keiner drauf, und in Wien würde ich schließlich sicher sein. Endlich.

Natürlich würde in Wien weiter geschossen, das hört niemals auf, aber es würde weniger schmerzen, weil ich dann ja dort wäre, wo ich schon immer sein wollte. Das bildete ich mir jedenfalls ein. In Wien musste man sich nicht profilieren und sich nicht vergleichen. Wien war drüber. Dann wäre alles egal. In Wien, davon war ich fest überzeugt, konnte mir nichts mehr passieren.

Das Zürcher Publikum mochte unser Theater. Die Zahlen stiegen. Bessere Bedingungen und Räume für die Arbeit am Theater gibt es auf der ganzen Welt nicht. Wobei das

Publikumsverhalten in Zürich ganz anders ist als in Bochum oder Wien, wo das Theater ein gesellschaftliches Ritual ist, wo das Abonnement von Generation zu Generation weitervererbt wird. In Zürich geht man nur ins Theater, wenn es einen angesagten Event gibt. So könnte es in Zukunft überall werden. Wahrscheinlich steht das dem Theater bevor. Man hält ja auch nicht grundsätzlich seinem Kino die Treue, geht mittwochs oder freitags hin, um zu schauen, was so läuft. Wenn wir nach dem Sommer eine erfolgreiche Vorstellung wieder auf den Spielplan brachten, kam niemand mehr. Wenn hingegen etwas ON ist, dann will jeder das gesehen haben. Aber wer geht schon in ein Vorstadtkino, um den letzten Film von Jim Jarmusch nachzusitzen?

Die Zürcher freuen sich, wenn alles gut geht, sagen sie, es sei noch ganz gut gegangen. Das NOCH hat mich immer fertig gemacht. Sie finden auch, dass sie das Beste verdient haben, schließlich ist Theater teuer und die Gemeinschaft zahlt es mit ihren Steuern. Richtige Liebe fühlt sich anders an.

Außerdem hast du dein Heimatland verlassen. Das macht misstrauisch. Schweizer verlassen ihre Heimat nicht. Warum auch, es ist ja überall schlechter als daheim. Und Schweizer verstehen ehrlich nicht, warum man das machen sollte. Alle, die ihre Heimat verlassen und in die Schweiz gehen, machen das nur, um etwas zu bekommen, das es bei ihnen daheim nicht gibt, sondern nur in der Schweiz. Jetzt bist du also in der Schweiz, bekommst Geld vom Staat und musst dafür nicht einmal arbeiten, schließlich bist du kreativ. Das kann man ja kaum Arbeit nennen. Dafür musst du dankbar und bescheiden sein.

Kaum war ich in Zürich, keine zwei Wochen, wurde ein Streik ausgerufen. Techniker konnten dort im Monat bis zu 10.000 Schweizer Franken verdienen. Meine Vorgänger hatten ihnen noch mehr versprochen. Sie mussten es ja auch nicht bezahlen. Ein Kuckucksei. Alle, so hieß es, würden über die Künstler reden, nie aber über die Technik, die das ganze Theater überhaupt erst möglich machte. »Ohne uns läuft nichts.« Kunst und Technik auf Augenhöhe.

Künstler haben aber jeden Abend den Echoraum des Applauses und danach den des Feuilletons. Das macht süchtig. Techniker bekommen das nie. Es ihnen zu versprechen, würde sie auch süchtig machen nach etwas, das sie nie bekommen werden. Bedeutung. Ein schweres Gift. Solche Befindlichkeiten kann man nicht mehr einfangen. Sie bestimmen fast alle Theater im deutschen Sprachraum.

In Bochum stellt man sich offen hin und hat das Momentum der Aufrichtigkeit auf seiner Seite. So hatte ich es gelernt. Jetzt in Zürich versammelte ich alle Mitarbeiter im Theater und erklärte ihnen, dass sie gerne mehr Geld haben könnten, obschon sie schon mehr bekämen als ihre Kollegen an der Oper. Aber wenn mehr Geld, dann auch für alle mehr Geld, sonst ginge das zulasten der Kunst. Ich hatte auf einer Flipchart auf der Bühne einen wunderschönen Kuchen gezeichnet. So viel haben wir, sagte ich. Wenn ihr euch ein größeres Stück herausschneiden wollt, dann nehmt ihr das euren Kollegen weg. Oder alle kriegen mehr. Dann streiken wir alle zusammen. Dem war schlecht zu widersprechen. Die Künstler waren auch im Zuschauerraum und schauten interessiert auf ihre technischen Kollegen, ob sie der Kunst nun Geld wegnehmen wollten.

Eins hatte ich jedoch völlig falsch eingeschätzt. Man stellt sich in der Schweiz nicht vor die Menschen und hat recht.

Das ist extrem unhöflich. Insofern ist die Schweizer Kommunikationskultur mit der chinesischen wahrscheinlich eher verwandt als mit der des deutschen Nachbarlandes. In einem Land, wo alles zur Abstimmung gebracht wird und wo alles im Konsens endet, wo sich alle stets miteinander einigen müssen, brüskiert man sein Gegenüber nicht mit einer Meinung, egal, wie richtig sie sein möge. Das Gegenüber könnte ja eine andere Meinung haben. Man spricht in Szenarien. Man formuliert Möglichkeiten. Sehr höflich das alles. Es macht auch Sinn. Es wird oft als Feigheit interpretiert. Wobei Feigheit und Höflichkeit schon Geschwister sind. Es kann unsereinem jedenfalls ganz schön auf die Nerven gehen. So fing es an.

Tony Stadtpräsident Elmar Blair und der ganze Verwaltungsrat stellten sich geschlossen hinter mich und munitionierten mich mit Härte gegenüber den Forderungen der technischen Belegschaft. So würde das ja nun gar nicht gehen, sagten sie. Einmal sei nun aber auch Schluss. Es eskalierte. Die Technik baute die Stücke nicht mehr auf. Wir bauten selber auf. Die Technik wollte zwar einerseits streiken, baute aber die Stücke wieder ab, damit es nicht so aussah, als ob man auch ohne sie klarkäme. Wir spielten ohne Bühnenbild. Die Technik blockierte deswegen die Türen. Sie drohten dem Lichtdesigner Prügel an. Sie trugen einen Galgen mit meinem Namen durch die Bahnhofsstraße. Ein schwerer Mann von der Gewerkschaft UNIA mit finsterem Gesicht kam zu mir und sagte, dass sie immerhin wüssten, wo ich wohne und ob ich mir nicht Sorgen um meine Gesundheit und um die Gesundheit meiner Familie machen würde. Die Kinder waren klein. Ich konnte nicht mehr schlafen. In den Nachrichten waren wir die erste Meldung. Auf den Bildern im Fernsehen sah es so aus, als ob schon irgendetwas brennen würde. Die Gewerkschaft UNIA, stets und verzweifelt um Mitglieder bemüht, feierte einen riesigen Publicity-Coup. Immerhin mussten sie kein Stahlwerk anzünden, um in den Medien einen riesigen Feuerschein zu erzeugen, sondern nur ein kleines Schauspielhaus, das von einem Dütschen geführt wurde und sich öffentlichkeitswirksam als äußerst brennbar erwies. Ohne viel Aufwand. Aber der Stadtpräsident hielt dagegen. Er wollte das Theater komplett schließen und nach drei Monaten wieder aufmachen. Alle Techniker würden neu eingestellt. Ein perfider Plan. Jetzt wurde es den Schweizern zu bunt. Bundesräte von der Regierung aus Bern wurden nach Zürich geschickt, um Präsident Elmar wieder einzufangen. Jetzt drohte das Ganze zu kippen, aus Spaß wurde Ernst. Für die Gewerkschaft ging's plötzlich um Leben und Tod. Was sollte das denn werden, ein Dütscher, der einen Arbeitskampf arbeitgeberseitig gewinnt? In einem Subventionsbetrieb? Das hätte in der ganzen Schweiz Symbolwirkung. Die Gewerkschaft hätte verloren, die SP konnte das nicht tolerieren. Sie trafen sich konspirativ im Hotel Marriott. Am nächsten Tag, bei einer einberufenen Krisensitzung mit den Verwaltungsräten, bedauerte Elmar es ausdrücklich. Ich sah es ihm an. Man hatte ihn zurechtgestutzt. Er machte eine schnelle politische Wende und musste mich mit abgesägten Hosen vor der feixenden Mannschaft zurücklassen.

Ich bin ein treudoofer Niedersachse, ich kann diese geschmeidigen politischen Manöver nicht so gut. Ich war so enttäuscht. Präsident Elmar war jetzt mein Feind. Das können die Schweizer nicht so gut. Er wollte, dass ich eine

Friedenserklärung mit den Leuten unterschrieb, die meine Kinder bedroht hatten. Ich tat es nicht. Er drohte: Du unterschreibst das jetzt oder du bist nicht mehr der Direktor des Zürcher Schauspielhauses. Ich tat es nicht. Er rannte aus dem Sitzungsraum neben seinem Büro und warf die Tür mit so viel Kraft zu, dass das Schloss die tonnenschwere Schallschutztür nicht fing und sie wieder aufflog. Sperrangelweit stand dort der Politiker und schaute ratlos zurück. Der Abgang war versemmelt. Hass. Eigentlich mochte ich ihn wirklich gern. Er versuchte, seinem ehemaligen Referenten, den man bei mir als kaufmännischen Direktor versorgt hatte, in den Ferien eine Ablöse von 150.000 Schweizer Franken aus den Reserven des Schauspielhauses ohne die Zustimmung der Verwaltungsräte zukommen zu lassen. Als das aufflog und die NZZ am Sonntag schrieb: »Ledergerber (Elmar) lügt«, passierte erst nichts, nach einem Jahr gab er öffentlich bekannt, dass er sich um seinen pubertierenden Sohn kümmern und aus der Politik ausscheiden wolle. Er tat mir leid. Ich kann politische Morde nur auf der Bühne.

Eigentlich sehnte ich mich schon wieder nach Bochum. Nach meinem kettenrauchenden Kulturdezernenten und meinem Oberbürgermeister Ernst-Otto, der im öffentlichen Telefonbuch stand, weil man ihn ja vielleicht auch nachts brauchen würde. Diese Kultur des Bescheidsagens und des Worthaltens. Das fehlt mir seit Bochum, als hätte man mir ein Bein amputiert.

Der Beißreflex

Eine der Ikonen des Unkonventionalismus war Peter Zadek. Ich mochte ihn schon deswegen, weil er in seiner Zeit als Intendant von Bochum einen weißen Bentley T2 gefahren hatte. Jahrelang hatte er ihn jeden Tag vor dem Pförtner auf den Gehsteig gestellt und bei der gleichen Polizistin ein Strafmandat kassiert. In Zadeks Augen waren die vom Feuilleton genehmigten Theater konventionell. Was sie programmierten, langweilte ihn, weil er es spekulativ fand. Er hatte am Schauspielhaus Hamburg mit Udo Lindenberg und mit den Einstürzenden Neubauten Grenzen zwischen Unterhaltung und Hochkultur gesprengt. Er mochte uns, weil unser Ansatz das Publikum war. Als mein Vor-vor-vor-Gänger in Bochum hatte er aus Hans Falladas *Kleiner Mann, was nun?* eine Revue gemacht. Er traf das Publikum ins Herz. In Bochum sprechen die Menschen immer noch von ihm.

Er rief an und sagte in diesem coolen, näselnden und verschliffenen Jargon, den man so gut nachahmen kann: *Matthias, kann ich bei dir eine Inszenierung machen?*

Klar, lachte ich. Komm vorbei.

Kennst du Major Barbara *von Bernhard Shaw?*

Kannte ich nicht. Das sei aber kein Grund. Beide – Shaw und er – wären Granaten, ich wäre schon jetzt überzeugt. *Gut,* sagte er. So hatte er sich das vorgestellt. *Die Corinna* (Brocher, legendäre, diskrete, ehrenhafte Verlegerin und immer noch seine gnädige Agentin aus alten Zeiten) *schickt dir den Vertrag zu und dann kann's losgehen.*

Corinna schickte den Vertrag und ich lachte wieder, Corinna lachte auch und ich sagte den ganzen Spuk wieder ab. Normalerweise schickt ja nicht der Regisseur oder seine Agentin den Vertrag, sondern das Theater. Mir war's recht, wenn es mal andersherum war, aber so einen Vertragsentwurf hatte die Welt noch nicht gesehen. Voraussetzungen für das Zustandekommen des Vertrags waren ein Masseur, Fahrer rund um die Uhr, ein spezielles Catering von einem speziellen Koch, eine Wohnung direkt am See und Bewegungstraining für das Team, um nur einige Punkte zu nennen. Also alles finanziell nicht leistbar.

Drei Stunden, nachdem ich das Projekt wieder abgesagt hatte, rief Zadek an: *Was ist denn da los? Corinna hat mir gesagt, du möchtest jetzt doch nicht mehr, dass ich bei dir inszeniere?*

Oh doch, aber deine Bedingungen sind nicht erfüllbar. *Ich dachte, ihr seid so reich in Zürich?* Arm sind wir nicht. Aber es gibt Obergrenzen. Wenn zum Beispiel Karl-Ernst Herrmann ein wundervolles Bühnenbild macht. Wenn allerdings du kommst, lege ich noch was drauf. Ich gehe bei Sponsoren betteln, aber irgendwo muss Schluss sein.

Als ich das sagte, kam ich mir irgendwie spießig vor.

Weißt du, Peter, ich habe für eine große Produktion einen großen Betrag Geld. Den bekommst du. Und weil du eine Legende bist, suche ich noch mehr bei Sponsoren und wir legen noch einmal 100.000 Schweizer Franken obendrauf. Wenn du dann den Vorhang öffnest und da ist ein beleuchteter Scheißhaufen auf der Bühne, auf welchem ein Fähnchen steckt, auf welchem Peter Zadek steht, soll es mir recht sein. Dann nimmst du das ganze Geld und gehst nach Hause. Wenn du es aber für deine Choreografen, Masseure, Fahrer, Caterer usw. haben willst, dann musst du diesen Betrag zwischen ihnen aufteilen. Das kannst du tun. Ich setze mich mit einem Bleistift neben dich und schau, ob du richtig rechnest, wenn du die Liste machst.

Er sagte: *Matthias, das ist doch eine sehr gute Idee.*

Am gleichen Abend flog ich nach Hamburg. Es gab Bofrost. Die Erbsen waren außen heiß und innen Eisklumpen. Wir nahmen Bleistifte und Zettel und schrieben alle Fahrer und Masseure auf, die er mitbringen wollte. Wir setzten Summen ein und rechneten. Er selbst wollte nur 40.000 Schweizer Franken für die Regie. Er hätte mehr als das Doppelte verlangen können. Er wollte, dass auch noch der Choreograf dabei sein konnte. Es ging sich aus. Herrlich. Wir freuten uns. Er war müde, wollte ins Bett.

Ein Agent erzählte mir wie ein hämischer Prophet, was mir bevorstehen würde. Ich solle mich vorsehen. Es gäbe bei Zadek ganz gewisse Rituale der Macht. Die Wohnung am See, die ich ihm anbieten würde, würde er, das müsste ich wissen, eh ablehnen. Das Gleiche würde mir später, also ca. 14 Tage vor der Premiere, noch einmal geschehen, wenn Zadek in ein Luxushotel übersiedeln würde. Stets unter Drohungen, anderenfalls abzureisen und die halbfertige Inszenierung liegen zu lassen. Auf dem Weg dorthin gebe es noch diese und jene andere Erpressung, auf die ich vorbereitet sein müsse. Ich fürchtete mich.

Als Zadek anreiste, lehnte er die Wohnung erwartungsgemäß ab. Zum Glück waren wir vorbereitet und hatten sie nicht gemietet. Wir stöhnten und spielten große Enttäuschung und sagten, wir müssten uns um eine andere bemühen. Wir sagten, es gäbe da vielleicht eine, die hätten wir aber nicht herzeigen wollen, weil sie eigentlich zu teuer sei. Es war die, die wir von vornherein für ihn gemietet hatten. Zadek schnappte zu, er wollte sie sofort und ungesehen. Von solchen und anderen Erpressungen gab es bis zur Premiere viele und wir konterten sie alle auf die gleiche Weise aus. Und wieder erwartungsgemäß meldete sich 14 Tage vor der Premiere seine Assistentin und sagte, der Peter sei jetzt ins Dolder Grand umgesiedelt. In seiner Wohnung würde es stark ziehen, davon bekäme er Rückenschmerzen. Wir sollten dafür aufkommen, anderenfalls würde er abreisen. Auch darauf waren wir vorbereitet. Ich sagte, dass das schon in Ordnung ginge. Ich würde jedoch vorher noch den Hausmeister und den technischen Direktor zu seiner Wohnung schicken und nachschauen lassen, ob die Zugluft abzustellen wäre. Wenn ja, dann könne er auch in der Wohnung bleiben. In dem Fall würde er die 10.000 Schweizer Franken als Bonus kassieren, die ein Sponsor ihm bei Zustandekommen der Premiere zukommen lasse. Anderenfalls würden die 10.000 Schweizer Franken eben die Hotelkosten des Dolder Grand decken. Wie durch Magie konnte der technische Direktor, der normalerweise Bühnenbilder baut und Dienstpläne erstellt, die störende Zugluft lokalisieren und sogleich abstellen. Zadek blieb glücklich und überzeugt in seiner Wohnung.

Wenige Tage vor der Premiere sahen wir uns, als er gerade im Schiffbau die tonnenschwere Messingtür zur Toilette hinter sich schließen wollte. Er blieb stehen, um mich zu beobachten, wie ich freundlich grüßend an ihm vorbeilief. Er schlitzte seine Augen, der luzide Machtstratege war ratlos. Irgendwas war anders, als er es kannte. Hatte sein Instinkt ihn im Stich gelassen?

Ich will ihm nicht unrecht tun. Als er einer Einladung zu uns nach Hause gefolgt war, hatte er uns durch seine Assistenten zwar tagelang mit Vorschriften darüber genervt, was er essen könne, was nicht und wie viel Salz zu verwenden sei, aber schließlich war er einer der substanziellsten und zugleich unterhaltsamsten Gesprächspartner gewesen, die wir in unserem Beruf erlebt hatten.

Viele Theaterleute dieser Generation instrumentalisieren jede Abhängigkeit, ohne es bewusst zu steuern. Sie haben einen Beißreflex, der instinktiv funktioniert. Claus Peymann, Peter Stein. Die ganze Generation hatte auf diesem Wege ihre Karrieren gemacht. Ihr theatralisches Talent war das eine, das andere war die brutale Ausübung von Macht. Man konnte lernen, was man davon lernen wollte. Zumindest lernte ich, mich zu wehren. Eine Wachablöse würde bevorstehen, so würde es nicht weitergehen. Was würde dann kommen? Ich befand mich damals zwischen diesen Welten. Verstand noch nicht, wo das alles hingehen würde.

Wollte ich ein Problem mit Peymann klären, als ich in der Zeit seiner Direktion am Burgtheater arbeitete, musste ich oft wochenlang auf einen Termin warten. Seine drei streng bewachten Vorzimmer waren darauf abgerichtet, mich bei Anfragen um Lösungen so lange wie möglich in einer Art Verzögerungsmodus zu halten. Ich stelle mir das so vor, als sei Macht eine Droge, die ihre Wirkung erst entfaltet, wenn man sie lange genug auskostet. Es ist wie Wichsen und die Ejakulation möglichst lange hinauszögern, damit es richtig knallt. Wenn ich also ein wirklich ernsthaftes Problem hatte, das nicht warten konnte, und Frau Schneider mir aber erst einen Termin am Donnerstag in drei Wochen in Aussicht gestellt hatte, weil, o weh, der Claus gerade in Vorbereitung zu einem neuen Stück, und, o weh, o weh, schwer zu erreichen sei, dann stürmte ich einfach an ihr und Frau Dr. Fitl vorbei und in sein Büro. Dort saß er ganz privat und pupsnormal und studierte eine Unterschriftenmappe. Nun stand ich halt da. Alles war plötzlich umgekehrt. Hatte er vorher mehr Macht daran empfunden, mich hinzuhalten, hatte er jetzt dieses Gefühl getauscht für die Macht, mir zu helfen. Macht. Nur darum ging es. Nicht um das Thema, nicht um Kunst, nichts Bewusstes übrigens, nur ein Reflex. Manchmal traf ich Peymann zufällig im Treppenhaus. Ich hatte gerade kein Problem, im Gegenteil, ich hatte es vielleicht eilig und wollte nach einer höflichen Begrüßung schnell weiter. Dann ließ er mich nicht weiterziehen. Er hielt mich fest, wollte meine Probleme kennen, und er wollte sie lösen. Ach Quatsch, sagte er dann, schmeiß den doch raus, der nervt mich auch. War das wirklich so einfach zu verstehen? Funktionierten die alle nach dem gleichen Muster?

Einmal hatte ich mich bei Peter Stein in Italien, in der Nähe von Rom angemeldet. Ich wollte den legendären Regisseur zu uns nach Bochum einladen. Da war er also, am Roma Termini und holte uns ab. Er meinte generös, dass er ohnehin in der Stadt zu tun habe, er könne uns nach Terni mit hinausnehmen, wo er sein Anwesen hatte. Ich lobte freundlich den merkwürdigen Fiat mit den drei Vordersitzen, er meinte, der sei scheiße. Ich lobte seinen flotten Fahrstil, er meinte, er sei ein schlechter Autofahrer, habe sein Leben lang nur Unfälle verursacht. Ich meinte, dass das doch eine super Idee sei, in Italien zu wohnen. Er meinte, er würde es hassen, dass er dort nur sei, weil er eine italienische Frau habe, sonst würde er ganz bestimmt woanders leben. Das fing nicht gut an.

Auf dem Weg nach Rom hatte ich mir eine Zahnkrone abgebrochen, er musste mir helfen, einen Zahnarzt zu finden und auf mich warten. Das beschäftigte ihn sehr. Darüber sprach er viel. Als wir ankamen, schien es kurz, als wolle er unser Gepäck aus dem Kofferraum holen, ein ganz natürlicher Reflex, aber in der gebückten Bewegung hielt er plötzlich inne: Das könnt ihr ja auch selber …

Die Blumen, die wir seiner Frau mitgebracht hatten, ließ er auf dem Brunnen vor dem Haus liegen. Was musste ich tun? Noch freundlicher ging nicht, ich hatte die Grenze zur Unterwürfigkeit bereits überschritten.

Am nächsten Morgen erzählte mir meine Frau, dass wir eine wirklich gute Zeit gehabt hätten. Es wäre ein sehr lustiger Abend gewesen und auch durchaus interessant. Wir hatten uns so dermaßen besoffen, um es miteinander aushalten zu können. Ich hatte keine Ahnung mehr. Schemenhafte Erinnerungen. Wir hatten gesungen, uns verbrüdert. Hohe Mauern, ein Turm, der schwankend auf mich einzustürzen schien. Ein lachender und tanzender Zwerg. Ansonsten totaler Filmriss. Er anscheinend auch. Zum Frühstück in malerischer Kulisse fragte seine entzückende Frau, ob noch jemand einen Joghurt wolle. Ich. Er sagte: Na schau, was ihr hier alles kriegt. Ich sagte: Das halte ich nicht mehr aus. Sie sind so ein blödes Arschloch, ich will hier weg. Plötzlich Respekt. Er lachte und meinte, dass man nicht weg käme, dass es nichts und niemanden gäbe, der uns von da weg brächte. Für mich war es vorbei. So berechenbar das alles. Wir fanden dann einen Gärtner, der sich bestechen ließ und flohen.

Macht Papa

Meine Vätergeneration war nicht zimperlich. Natürlich haben wir sie ehrfürchtig bewundert. Die rücksichtslose Bedingungslosigkeit, mit der sie ihren Weg gemacht haben. Haben uns abgeschaut, was wir davon lernen konnten, um unseren eigenen Weg zu machen. Aber sie waren grausame Monster und dienten uns als schlechtes Beispiel. Das Gerechtigkeitsgetöse, mit dem die Peymänner, die Steins und Flimms sich vermarkteten, stand im Widerspruch zum autoritären Führungsstil, mit dem sie ihre Theater drangsalierten. Auch haben diese jugendbewegten Linken uns, ihre Söhne und Töchter, schlecht ertragen. Sie hatten mit der Kulturrevolution das Junge an sich zu einem Label gemacht. Sie wussten, was jung ist, und sie würden für immer jung bleiben. Was nach ihnen kam, war Rückschritt. Nein, so wollte ich nicht werden. So etwas nimmt man sich nicht vor. Bestimmt wollten sie auch nicht Tyrannen werden. Aber es geht sich einfach schneller durch die Welt, wenn einem die Türen aufgehalten werden. Am Anfang freut man sich und sagt höflich Danke. Dann wird es selbstverständlich. Sich daran gewöhnen, dauert sechs Monate. Abgewöhnen zehn Jahre.

Ich habe einige Feldstudien an mir selbst durchgeführt. Heute muss ich über mich lachen, und manchmal staune ich und ärgere mich. Ist es denn wirklich so schwer? Um die Veränderungen, die Macht mit einem macht und die man an sich selber nicht spürt, zu verhindern, habe ich an meinen Theatern Gremien geschaffen, wo alles im Kollektiv entschieden wurde. Ständig waren Sitzungen, alle sollten mitentscheiden. Aber was bringt das, wenn mein eifriges

Umfeld versucht, meine Gedanken zu lesen. Die erwartbare Meinung, die vorbereitete Entscheidung, alles aufgehaltene Türen, durch die man ganz einfach und schnell hindurchhuschen kann. Man merkt es, man erliegt.

Und plötzlich, auf irgendeiner Dramaturgiesitzung, widersprach mir jemand. Wir sind ja alle so demokratisch, aber darauf war ich nicht gefasst und alle anderen auch nicht. Das waren wir nicht mehr gewohnt. Ich ertappte mich dabei, wie ich kurz den sozialen Status des Störers in der Hierarchie durchspielte. Darf der das, flüsterte es im Hinterstübchen. Ja, der soll das dürfen, flüstert es ganz hinten aus der anderen Seite des Hinterstübchens. In der Dramaturgiesitzung drehten sich alle in die gleiche Richtung, dann senkten sich ihre Blicke wieder: Ach so, der Neue!

Später habe ich die HR-Tools (Human Resources, früher Personalabteilung) kennengelernt, wie sie zur Führung von modernen Unternehmen eingesetzt werden. Das Theater hatte an diesem Prozess nicht teilgenommen, bis das Versäumte wie in einem Crashkurs nachgeholt werden sollte. Gender-Gerechtigkeit, mündigere Beziehungsstrukturen, flachere Hierarchien, das alles gibt es inzwischen am Theater, aber es hat auch hysterische Formen angenommen. Die Revolutionäre sind nun im Besitz einer Bazooka, mit der sie alles wegpusten können, was stört. So ist das mit Revolutionen.

Meine Frau sagt das manchmal mit einem gewissen Mitleid zu mir. Sie sagt: Diese Revolution ist notwendig und sie ist erst zu zwei Dritteln abgeschlossen, sie muss zu Ende gebracht werden, und du bist als alter weißer Mann ein Kollateralschaden unter der Guillotine dieser Entwicklung.

Es tue ihr leid, dagegen könne man nichts tun, sie liebe mich trotzdem. Kleine, gelegentliche Rückfälle hält sie gnädig für entschuldbar. Aus der Kinderstube, aus der du kommst, muss man schon mal Fünfe gerade sein lassen. Das freut mich dann, weil ich zuweilen gerne etwas vorsichtiger bei der Hand genommen worden wäre.

Da, wo Geld aus öffentlicher Hand fließt, ohne an messbare Leistung geknüpft zu sein, hat sich der Theateralltag komplett verändert. Das Theater ächzt unter den Ereignissen der Revolution. Die Jakobiner sind los.

Im Theater gibt es seit jeher Hierarchien, die nicht von Menschen gemacht sind. Sie werden durch die Größe der Rollen definiert und natürlich durch das Talent der Schauspieler. Sich in diese Hierarchien zu fügen, ist hart, denn jeder Schauspieler möchte den Hamlet spielen. Die Wenigsten können verstehen, dass der Kollege es besser kann. Sie können es nicht, weil ihnen eine wichtige Triebfeder kaputt ginge, die sie für ihr Selbstverständnis auf der Bühne brauchen. Die Hybris. Viele Schauspieler, die sich falsch besetzt fühlen, und das sind meistens alle, die gerade nicht den Hamlet spielen, sehen in der Demokratisierung der überkommenen Machtstrukturen die Möglichkeit, jetzt Gerechtigkeit zu verlangen. Und das führt zu falschen Erwartungshaltungen und Spannungen.

Theateraufführungen finden zu Zeiten statt, wenn andere Menschen nicht arbeiten. Das ist nicht nur am Theater so. Im Messebau arbeiten die Menschen auch en bloc drei Tage durch und haben woanders Ausgleich. Wer sich früher für den Beruf am Theater entschied, hatte sich damit abgefunden, dass die Arbeitszeiten oft die Grenzen normaler

Arbeitszeiten überschreiten. Die Wahrheit aber ist, dass sie den Betrieb erst möglich machen. Das versucht man jetzt mit neuen Regeln zu ändern. Es wird nur in gewerkschaftlich verabredeten Zeiten geprobt, als ob die Fantasie sich gewerkschaftlich organisieren lassen würde. Die Woche hat nur noch fünf Tage, Ruhezeiten werden pedantisch eingehalten. Heute jammern viele Schauspieler, wenn sie sechs bis zehn Vorstellungen im Monat spielen müssen. Vor ein paar Jahren war die doppelte Anzahl selbstverständlich. Wer will es ihnen übelnehmen? Um die richtige Balance zwischen dem zu finden, was die Beschäftigten und ihre Gewerkschaften fordern, und dem, was Arbeitgeber bereit sind zu geben, wird stets gerungen. Der Markt reguliert das. Zu hohe Forderungen ersticken den Betrieb, von dem sie leben. Das richtige Maß muss gefunden werden. Das Theater hat keinen Markt. Ohne Markt erstickt es folglich an sich selbst.

Wenn alle mitentscheiden wollen, dann sind immer die unglücklich, die ihre Interessen nicht durchsetzen können. Das liegt im Wesen der Demokratie, eine Binsenweisheit. Dieses Unglück wird aber am Theater ganz anders ausgelebt als in gleich großen Betrieben anderer Branchen. Theater sind Orte, wo Narzissmus und Hybris oft die Grundmotivation für die künstlerische Arbeit bilden. Da braucht es Erfahrung und Fingerspitzengefühl. Vor allem im Umgang mit Schauspielern. Aber auch ein hysterischer Requisiteur kann eineinhalb Stunden vor Beginn der Abendvorstellung den Betrieb lahmlegen, weil er die Prioritäten falsch einschätzt und zum Beispiel findet, dass die Aufführung ohne die Crashglasflasche nicht stattfinden kann, die in der zweiten Szene auf dem Kopf des Antagonisten zerbersten soll.

Wer einmal auf einem Segelboot unterwegs war, der weiß, dass es ständig zu kritischen Entscheidungen kommt, in denen eine Person für das Schiff und alle an Bord die Entscheidungsgewalt hat. Das ist in einem Theater ähnlich. Wobei niemand auf einem Segelboot daran zweifelt, dass der Skipper ein paar Jahre Segelerfahrung braucht, um das Schiff sicher in den Hafen zu bringen.

In einer dezidierten Ansage wird am Theater schnell Übergriffigkeit bzw. Machtmissbrauch gewittert. Deswegen wird Verantwortung in modernen Unternehmen breit gestreut, es bilden sich Gremien und Ausschüsse, man diskutiert mehr. Weil sich viele davor fürchten, den Betrieb zu führen, ist das Theater ohne Führung und wird ein Ort, in dem Befindlichkeiten ausgelebt werden. Aus Angst spricht man inzwischen am Theater leise und vorsichtig. Nichts darf gesagt werden, was falsch interpretiert werden könnte. Ein Kompliment könnte übergriffig sein. Gott sei Dank habe ich meine Frau vor 25 Jahren als Hospitantin am Theater kennengelernt. Wir haben drei Kinder und führen eine Beziehung auf Augenhöhe. In der heutigen Zeit wären wir ein Fall für #Metoo.

Noch mal die fucking Geschichte mit der Burg

Einige Leute nenne ich beim Namen. Andere musste ich aus rechtlichen Gründen anonymisieren. Die ganz großen Verbrecher nenne ich nicht. Wer weiß … die sind schon sehr gefährlich …

Freunde, die es gut mit mir meinen, sagen, die Geschichte ist alt, wen soll das heute noch interessieren? Die Figuren in diesem Drama spielen keine Rolle mehr. Wer schuldig ist oder nicht, what the fuck? In der Zwischenzeit hat die Welt andere schlimme Dinge erlebt. Es sind kluge Freunde. Wir haben viel zusammen erlebt, gekämpft, durchlitten, gefeiert und getrunken. Das fehlte ihnen zeitweilig an mir. Für sie war ich in der Vergangenheit stecken geblieben. Hey, können wir nicht mal von etwas anderem sprechen, sagte der stumme Blick, wenn der Abend wieder die gleiche Wendung nahm. Dann starrten sie stumm ins Grillfeuer, ließen die halbvollen Gläser stehen. Es schien für sie, als ob die Zeitrechnung für mich nicht vor und nach der Geburt Christi, sondern vor und nach meiner Entlassung am Burgtheater geschrieben worden war. Und da ist was dran. Ich kann gut verstehen, dass das nervte. Warum sollten alle unter meinem Trauma leiden?

Ich hab das verstanden. Einem Taxifahrer, der einem nachts auf der Fahrt vom Bahnhof erzählt, er sei CEO von einem europäischen Energiekonzern gewesen und hätte wegen einer Intrige einen tragischen Absturz erlitten, hört man auch höflich zu. Und dann sogar neugierig, vielleicht stimmt's sogar, what a story! Aber man will das bitte nicht jedes Mal hören, wenn man nachts am Bahnhof ankommt.

Freunde, die es ebenfalls gut mit mir meinen, finden, die Geschichte sei so tief mit mir verbunden, weglassen geht nicht!

Ich höre auf alle. Sie haben alle recht. Ich habe viel Zeit gehabt, mir diese Burgtheater-Geschichte hin und her zu überlegen. In schlaflosen Nächten und in vielen Diskussionen. Habe sie mir selber immer wieder erzählt, anderen erzählt und von anderen erzählen lassen. Ich hatte genug Zeit dafür. Was würde ich heute anders machen? Viel! Natürlich möchte ich nicht mehr der gleiche Matthias Hartmann sein, der ich damals und ohne diese Erfahrung war. Die würde mir fehlen. Das ist wohl immer so. Einiges kann man auch einfach nicht ändern. Zum Beispiel meine fast zwei Meter Größe, die ich gelegentlich auch als Schutz vor Unsicherheit einsetze. Aber sie hilft auch, weil ich eigentlich ein eher ängstlicher Mensch bin, der sich hinter dieser Größe versteckt.

Oder meinen Osnabrücker Ton, den alle, die woanders herkommen, arrogant finden. Ändern könnte man die große Schnauze, die ich mir bei anderen großmäuligen Kollegen abgeschaut hatte, deren beruflich erfolgreichen Weg ich nachahmen wollte. Aber darüber haben sich meine Kinder immer so gefreut und wollten mit mir ins Taka-Tuka-Land.

Entscheidend ist, dass ich am Ende rausgeflogen bin. Alle Fluchtwege hatte der Hase sich verbaut. Zu trotzig, zu eitel, zu ich. Dass ich am Ende rehabilitiert wurde, weil mir kein Unrecht nachzuweisen war, spielt keine Rolle.

Das Burgtheater hatte mehr Publikum als davor und danach. Das Publikum hatte aber keine Stimme. Jetzt endlich konnten sich die Flinten wie in einem mächtigen Showdown entladen. Der Hase hatte die ganze Branche mit seinen Haken genarrt. Und viele, die nicht selbst schossen, applaudierten, wenn die anderen schossen. Nach meiner Entlassung wurde das Burgtheater sogar zum Theater des Jahres gekürt. Mit dem Programm, das mein Team und ich entworfen hatten.

Nachweislich hatte das Theater Abgaben hinterzogen und falsche Bilanzen erstellt, bevor ich es übernahm. In der Zeit, als ich versuchte, das aufzudecken, flog ich raus. Die Stellvertreterin meines Vorgängers wurde meine Nachfolgerin. Das Eigentümliche an der Burgtheater-Geschichte ist die Art, wie dieser Fall nicht aufgeklärt und alle Spuren aus der Vergangenheit verwischt sind.

Ungerechtigkeit ist ein Wurm, den man nur in der Nacht hört, weil er so leise ist, dass er sonst von den Geräuschen des Alltags übertönt wird. Wenn man die Luft anhält. Er nagt sich unerbittlich durch einen hindurch. Wenn ich nachts um halb drei leise fragte, bist du noch wach, sagte meine Frau, natürlich. Wir haben jahrelang nicht geschlafen.

Ob das pathetisch und larmoyant klingt? Natürlich. Wenn ich mir vorlese, was ich darüber schreibe, werde ich ratlos. Ich finde die Balance nicht, den Ton. Wenn du schon darüber schreibst, da sind sich alle Freunde einig, müsse der Ton aber unbedingt leicht sein. Sie sagen: Achtung, es dürfe kein

Rachegesang werden. Jeder wisse längst, dass es am Burgtheater schon vorher nicht mit rechten Dingen zugegangen sei. Eine Klarstellung jetzt, die alle anderen ins Unrecht setzt, die will man nicht hören. Also nicht zu detailliert und rechthaberisch und vor allem nicht zu ernst.

Stattdessen etwas Ironisches? Ich habe also erst einmal versucht, einen Krimi zu schreiben. Er spielte im Milieu der Wiener Ministerien und Kaffeehäuser. Ich habe mich als den idiotischen Piefke Detektiv Hase beschrieben, der so lustig-lustig alles falsch macht und von Fettnapf zu Fettnapf springt, und sich, oh Wunder, wie bei Inspektor Clouseau, am Ende alles von alleine enttarnt. War das der richtige Ton? Ein bisschen epigonal vielleicht, und es verschmunzelte ein Thema, an dem mein Leben hing.

Dann habe ich einen anderen Ton versucht, ein Musical.

Dort hatten alle witzig verdrehte Namen. Der Minister Ostermayer hieß Pfingstmüller, meine stellvertretende Vorgängerin und lustigerweise auch Nachfolgerin Karin Bergmann hieß Frau Hüglerin, der frühere kaufmännische Direktor des Burgtheaters und spätere Kultur- und Kanzleramtsminister Drozda hieß Trotzdemda, Trotzdemda's frühere Buchhalterin und Mutter der Kompanie hieß Die Liebe, eine wohlriechende Kugel, die mit Weißwein betrieben wurde und immer auf Rollerskates Pirouetten fuhr. Viele Nebenrollen mit Controllern, Rechtsanwälten, auch mit jemandem, der im Aussehen an Rudolf Scholten erinnerte, der jedoch Strippenzieher und Eminenz war. Es gab den Chor der Gutachter und das Konzert der Aufsichtsräte. Ein Königspudel, der versuchte, keine Rolle zu spielen, Max Kothbauer, der die mutige Arie der Ahnungslosen unter einem künstlichen Sternenhimmel sang. Und natürlich dieser eine, in Zeitlupe hüpfende, ferngesteuerte Gasballon-Elefant, der bekümmert und kompetent dreinschaute und im richtigen Moment auf Knopfdruck platzte und sich vollkommen in Luft auflöste.

Der Ton hat eine Weile Spaß gemacht, aber dann nicht mehr. Wenn ich die Geschichte heute erzähle, ist sie schon komisch, aber ich halte das nicht durch. Da ist er wieder, der, der dieses Buch schreibt, über den ich in diesem Buch schreibe. Der ist zu trotzig. Ich kann nicht so tun, als ob es irgendeine Anekdote in meinem Leben war, die ich in der Rückschau witzig präsentabel mache.

Ich war dabei, Finanzmanipulationen aufzudecken. Diejenigen, unter denen falsche Bilanzen erstellt wurden, Misswirtschaft und Steuerhinterziehung passierten, kämpften um ihre Ehre, um ihre Rente und um ihre Freiheit. Wäre ich nicht rausgeflogen, wäre vielleicht der eine oder andere von ihnen vor Gericht gestanden. In welchem Ton müsste das geschrieben werden, dass es die Wahrheit ist, ohne zornig, rechthaberisch und selbstgerecht zu klingen? Wird nicht gehen. Sorry! Deswegen erzähle ich es jetzt einfach so, wie ich es wahrgenommen habe, und wer es dann ganz genau wissen will: Mein Verleger schlug vor, die Belege und Beweise, von einem Investigativ-Journalisten zusammengetragen, in einer objektiven Chronologie anzuhängen. Ok, danke, so machen wir's. Also los.*

* Wie schon bei der Gründung der Bundestheater-Holding nach der Ära Peymann ein Systemfehler eingebaut wurde, siehe Punkt 1 im ANHANG.

Villa am See

Der österreichische Kulturstaatssekretär schickte seinen Sekretär nach Zürich, um mit mir zu verhandeln. Es ging los. Angeber-Hase ersann einen Plan, um den Preis hochzuzocken. Meine Mitarbeiterin und meine Frau spielten bei der Show mit. Das Wetter war Urlaubskatalog. Ich holte ihn am Bellevue mit dem Motorboot ab und brachte ihn zu unserer Villa am See. Wir hatten Rinderfilet niedergar gemacht. Es ist einfach, teuer und macht viel her. Machten wir immer für Aufsichtsräte und Sponsoren, wenn wir imponieren mussten. Der Mann aß erst stumm, lobte das Filet und ging dann plötzlich hinaus, um zu telefonieren. Merkwürdig. Wir versuchten, so zu tun, als sei nichts. Als er zurückkam, zeigte ich hinaus auf den See, das Boot und das prächtige Wetter, als hätte ich das auch bezahlt bekommen: Schlechter will ich nicht mehr leben. Ich verstellte meine Stimme, damit sie selbstbewusst klang. Ich verschwieg natürlich, dass wir nur durch Zufall und Glück die Villa am See nach einer langjährigen Hausbesetzung von der Stadt vermietet bekommen hatten. Die ganze Deutschschweiz hatte sich das Maul darüber zerrissen.

Am Tag unserer Ankunft in Zürich hatten damals Boote mit Kamera-Stativen auf dem See die Villa umlagert, riesige Headlines. Gott sei Dank hatte an dem Tag der Saab meines Schwagers davor geparkt, sonst wäre es noch schlimmer gewesen. Jedenfalls sollte ich nicht als der Direktor mit den schönen Aufführungen und den vielen Zuschauern, sondern als der präpotente düütsche Direktor mit der Villa in die Geschichte der Stadt eingehen.

Der Sekretär stand auf und verabschiedete sich.

Was war passiert? Hatte man sich in Wien anders entschieden und das war jetzt die Art, es zu sagen? Oder hatte ich etwas Falsches gesagt? Hatte ich mich verzockt? Ein falsches Stichwort? Ein Geheimwort? Was hatten die zwischendurch telefoniert? Ich war so nervös, dass ich ihn noch zur Tür brachte. Aber sind Sie denn nicht gekommen, um mir ein Angebot zu machen? Schon, eigentlich, es ist aber ganz sinnlos, sagte er, über so viel habe ich keine Vollmacht. Ja, über was haben Sie denn Vollmacht? Über genau so viel, wie Ihr Vorgänger auch bekommen hat. Und dann ging er. Ich rannte wieder hinterher. Ich bettelte und winselte und brachte ihn schließlich zum Stehen. Ich mach es ja, wie viel, das ist mir egal! Mein schlauer Plan lag in Scherben vor mir. Ein wenig gütig, aber auch streng schaute er mich an. Dann sagte er, er werde berichten. So ließ er mich stehen. Sehr cooler Typ. Dann begann das schlimme Warten.

Das Wespennest

Es dauerte lange. Monatelang. Ich wollte es ja unbedingt. Deswegen fühlte es sich noch einmal doppelt so lang an. Die Burg in Wien sollte der Ort sein, an dem ich mich in Sicherheit bringe. Der Gegenwind, den die Bedeutungsindustrie, anders konnte ich es nicht sehen, gegen mich entfacht hatte, würde an den Mauern der Burg brechen. Schauspielern wäre es woanders wahrscheinlich zu stürmisch geworden, nach Wien würden sie kommen. Da wollen alle hin. Das war immer so.

Endlich wurde entschieden, dass ich den Boss kennenlerne. Das war der Aufsichtsratsvorsitzende aller Bundestheater Georg Springer. Er war genauso groß wie ich, aber schwerer und hatte ein riesiges Gesicht mit Elefantenohren. Meistens schaute er besorgt. Der Staats-Geheimnis-Sekretär und sein Stabs-Geheimnis-Chef-Sekretär hatten ihm nicht gesagt, dass sie mich zum neuen Burgtheaterdirektor machen. Er hätte vielleicht gerne mitgeredet. Die beiden Geheim-Sekretäre hatten vermutet, dass der Boss, so wie es in Wien geschieht, nur den engsten 44 Vertrauten und vielleicht nur den 37 vertrauenswürdigsten Journalisten meine Ernennung unter der Pflicht der totalen Geheimhaltung anvertrauen würde. Dass vielleicht unter einem von diesen 81 Geheimnisträgern in ihrem engsten Umfeld von vielleicht ebenfalls 81 Vertrauten sich ein missgünstiger Verräter fände, der es an diejenigen 17 Unkundigen ausplauderte, die jetzt in Wien noch übrig waren.

Den Geheimnis-Sekretären war also etwas ganz Unmögliches gelungen, sie hatten es geheim halten können. Sie waren selbst ganz überrascht. Sie hatten den Boss in ein romantisches Wirtshaus an der Alten Donau bestellt. Das war die Retourkutsche für die Villa am See in Zürich. So, Herr Hartmann, sagten die Kunst-Staats-Geheimnis-Sekretäre auf dem Weg zum Restaurant stolz und freuten sich, nicht nur Sie haben einen See, bei uns an der Alten Donau ist es grad so schön. Wir hatten auch überlegt, ob wir Sie mit einem Boot abholen.

Sie hatten den Boss so bestellt, dass er bereits dort warten würde, sie wollten einen schönen Auftritt für ihren Coup. Der Boss, der formal auch mein Boss werden würde, worüber er aber nicht entscheiden durfte, war wirklich überrumpelt. Er hatte überhaupt nicht damit gerechnet. Säuerlich verzog er das große Gesicht, versuchte, sich schon mal daran zu gewöhnen, und gab mir großzügig zu verstehen, dass ich ja nichts dafürkönne. Zwischen den politischen Kunst-Sekretären und dem Boss herrschte eine unglückliche Zweckehe. Das ließ sich ganz unwienerisch nicht vom Tisch wischen.

Auch nicht die vielen Wespen. Anfangs hatte der Chef-Sekretär noch souverän den Bierdeckel auf sein Glas gelegt und schmunzelnd gemeint, dass es in Zürich schließlich auch Wespen gäbe. Ich muss ihn wirklich traumatisiert haben. Dann wurden es schnell immer mehr Wespen. Tapfer hielten wir durch, weil es ja grad so schön sein sollte. Die Wespen krochen auf der Gabel zwischen Schnitzel und Mund, im Elefantenohr vom Boss, auf der Hand, auf dem Bierdeckel auf dem Glas vom Sekretär. Sie sind eh nicht allergisch, oder? Nicht, dass es hinterher heißt, Sie wären nach Wien gekommen und wir hätten Sie mit der Rettung wegbringen müssen. So gefährlich sind wir nun auch wieder nicht. Hüstelndes Höflichkeitskichern. Es brauste über uns. Mit eingezogenen Köpfen gaben wir schließlich auf und verließen panisch das Wespennest in die verschiedenen Dienstwagen. Die beiden Kulturpolitiker saßen feixend im Audi. Hast du sein Gesicht gesehen? Oh weh, dachte ich mir, den Boss würde ich brauchen. Wen der sich wohl gewünscht, mit wem der vielleicht schon Pläne gemacht, wem er das Burgtheater vielleicht schon versprochen hatte?*

Ich zählte die Tage, bis ich zu meiner Schutzburg könnte. Hases Verfolgungswahn drehte wieder Schleifen. Aus welcher Ecke würden die Flinten schießen? Wenige Tage vor

---

* Wie Intendant Bachler und Direktor Drozda Silvia Stantejsky trotz warnender Gutachten am Burgtheater als Finanzdirektorin installierten, siehe Punkt 2 im ANHANG.

seinem Tod lachte mich der Regisseur Jürgen Gosch am Berliner Savignyplatz in der Sonne sitzend aus, als wir über Bedeutung versus Erfolg sprachen. Er hatte eine Gabe, Dinge ganz einfach zu formulieren. Er sagte: Beides geben sie dir nicht. Und das andere, das hast du ja schon.

Luc Bondy riet mir lustig und mit dem leichten schweizerfranzösischen Akzent, der alles, was er sagte, so unschuldig machte: Sag dem Wille, dass er bei dir Chefdramaturg vom Burgtheater werden kann. Das macht der doch nie, meinte ich. Doch, das macht der sofort, wirst sehen, davon hat er immer geträumt. Dann sind alle Animositäten gegen dich weg. Wille war der Chefredakteur der Fachzeitung *Theater heute* und damit der Gralshüter des Bedeutungstheaters. Dort war man mir feindlich gesonnen. Ich konnte mir das nicht vorstellen.

Bondy lachte und sagte, zwei Wochen, bevor es losgeht, sagst du ihm wieder ab, du sagst, du glaubst jetzt doch nicht, dass er das kann, er soll lieber wieder zurück zu seiner Zeitung gehen. Damit hast du ihn für immer zerstört. In der Branche kriegt der keinen Fuß mehr in die Tür, und er wird nie wieder schlecht über dich schreiben. Alle lachten. Eiskalter Plan. Es hat mich schon gejuckt, aber ich habe mich nicht getraut. Politische Morde kann ich nur auf der Bühne.

Die liebe Silvi

Wenn der Investigativ-Journalist die Hard Facts über den Burg-Skandal schreibt, kann ich den ganzen Akt ja entsorgen. Hui, da kommt ganz schön was zusammen. Kartonladungen von geschwärzten Berichten, Akten, Notizen und

Berge von Anwaltsrechnungen. Dazwischen Worte, die meine Fantasie triggern.

Wenn ich als junger Kerl meine Wohnung ausmalen wollte, habe ich sie mit alten Zeitungen ausgelegt – am liebsten mit der *Zeit*, weil die so schön groß war, aber anstatt zu malen, blieb ich mit der Pinselrolle in der Hand an den Worten und Bildern zu meinen Füßen hängen. Berichte mit bunten Fotos von einem Markt in Sizilien, von einem Patti-Smith-Konzert, ein Test von einem Peugeot Cabrio, das nicht mehr auf dem Markt ist. Schon reiste ich mit *Because the night belongs to lovers* durch die Welt, träumte mich unter freiem Himmel in ein Abenteuer.

AR 2009 steht auf einem alten Speicher-Stick. Aufsichtsrat. In meiner Fantasie entsteht ein bombastisch imperialer Saal. Er ist verspiegelt, das Blei hinter dem Glas wird blattrig und stumpf. Herein von der festlichen Stiege, die mit einem kilometerlangen, zerschlissenen roten Läufer ausgelegt ist, kommen würdige Honoratioren aus Politik und Wirtschaft. Alles Zeitlupe. Sie sind glücklich, obwohl es bestialisch stinkt. Sie gratulieren und klopfen mir freudestrahlend auf die Schulter. Am oberen Ende sitzt bereits auf einem großen Lehnstuhl ein Elefant. Er blättert in dunklen Kladden, er scheint dabei in Zeitlupe zu hüpfen. Salbungsvoll schwingt er den Rüssel zu einem Eröffnungsritual. Alle setzen sich.

Um den Tisch herum zieht in regelmäßigen Schwüngen eine kugelrunde Frau in einem japanischen Faltenkleid auf Rollerskates ihre Bahnen. Sie plappert dabei unaufhörlich und kaum verständlich vor sich hin. Kaum hat man ein Wort verstanden, ist sie auch schon wieder vorbeigeskatet. Wieder höre ich ein paar Wortfetzen: Kasse jubelt, und schon ist sie wieder vorbei. Personalkosten gesenkt. Wutsch. Das alles hat eine hypnotische Wirkung. Die würdigen Honoratioren bewahren zwar noch Contenance, rollen aber bereits vor Müdigkeit mit den Augen. Vor ihnen stehen Schilder mit Namen und Funktion. Finanzministerium. Die kleingewachsene Aufsichtsrätin. Zwischen ihren zwei Mäusezähnen piepst sie: Aber wenn doch immer mehr reinkommt, und wenn immer weniger rausgeht, warum steigen dann die Schulden? Sie verfolgt angestrengt den großen Kreis der Skaterkugel. Ihre Aufsichtsratskollegen nicken wie in Trance.

Bist du verrückt, fragt meine Frau, den ganzen Akt ins Altpapier? Den kann man doch noch brauchen, zum Ofen anheizen, was für eine Verschwendung. Sie hat recht. Für irgendwas kann das noch zu gebrauchen sein.

Das alles erinnert mich an die nicht enden wollenden Aufsichtsratssitzungen, wo Silvia Stantejsky, meine kaufmännische Co-Geschäftsführerin, vom Geschäft berichtete. Ich hatte stets den Eindruck, dass jeder Aufsichtsrat insgeheim davon ausging, dass der andere Aufsichtsrat hoffentlich verstanden hatte, was sie erzählte. Wir machten mehr Kasse, gaben weniger aus, die höheren Einnahmen trugen aber nicht zur Verbesserung des Betriebsergebnisses bei. Im Gegenteil. Ich fragte nach, niemand konnte es mir erklären. Es sei alles in Ordnung, kein künstlerischer Direktor habe sich je in diese Dinge eingemischt. Es hätte eben am Anfang alles etwas mehr gekostet. Ich wusste, dass das nicht sein konnte, denn große Teile meines Programms hatte ich in der Schweiz vorproduziert und günstig mitnehmen dürfen. Aber sie sei doch die »Liebe Silvi«, war der Subtext, den meine Stellvertreterin Karin Bergmann immer soufflierte. Die liebe Silvi. Glaub mir, Matthias, du bist ein typisch deutscher Kontrollfreak …

Das wollte ich nicht sein. Das war mir peinlich. Trotzdem fragte ich nach, was mein Bühnenbild gekostet hatte. Wenigstens das. Mehr nicht. Die liebe Silvi schaute treu und betrübt. Sie machte sich Sorgen um mich, dass ich mich mit Dingen beschäftige, die mich nichts angingen und meine Nerven darunter leiden würden. Ich solle mich bitte auf die Kunst konzentrieren. Es liefe doch gerade alles super, warum ich sie kontrollieren wolle, das täte sie bei mir auch nicht. Ich wollte trotzdem die Zahl. Was hat das Bühnenbild gekostet? Monatelang wartete ich auf eine Antwort. Dann: das Bühnenbild des *Faust, Der Tragödie Erster Teil,* hatte 1,2 Millionen Euro gekostet. Schock.

In den 30 Jahren am Theater habe ich gelernt, auf eine Bühne zu schauen und von der Menge an umbautem Sperrholz, Aluminium, Konstruktion, Stoff und Bodenbelag einen Circa-Betrag zu schätzen. Ich konnte mich zwar um 30.000 bis 40.000 Euro verschätzen, aber eben nicht um Millionen. Ich sprang ins Auto und fuhr zu den Werkstätten. Tür auf, Überfall: Können Sie mir bitte die Kostenaufstellung vom *Faust*-Bühnenbild geben? Die Dame war verblüfft. Sie sagte, sie müsse erst einmal telefonieren. Gerne, sagte ich freundlich, schaute streng aufs Telefon, sie legte den Hörer wieder zurück. Sie wusste nicht, ist dieser wütende Piefke jetzt ihr Chef? Sie öffnete Schubladen und suchte. Dann öffnete sie Schubladen und suchte weiter. Nachdem sie stundenlang Schubladen geöffnet hatte, meinte sie, sie müsse morgen nachfragen, wo die Kostenaufstellung sei, jetzt könne sie sie beim besten Willen nicht finden.

Ich rief drei befreundete technische Direktoren anderer Theater an und bat sie, zu mir nach Wien zu kommen. Sie kamen, prüften jede Schraube, immer das gleiche Ergebnis: Hätte man das Bühnenbild unter normalen Umständen gebaut, hätte es ein Drittel gekostet. Wir zahlten den dreifachen Preis an unsere eigenen Werkstätten? Wo war das Geld? Was machten die damit?*

Der Springer-Boss war jetzt mein Freund geworden. Manchmal, wenn wir zusammen zu viel Rotwein getrunken hatten, brachte ich ihn in seine Wohnung oder sogar ins Bett. Wir vertrauten einander. Nach meinen Proben an der Staatsoper besuchte ich ihn in seinem Büro, um zu plaudern und mich ein wenig von ihm bewundern zu lassen. Ich wollte den bekümmerten Elefanten immer zum Lachen bringen. Ich klaute ihm nach unseren Sitzungen oft die teuren Weine, die er als Werbegeschenke bekommen hatte. Schimpfend lief er mir bis auf die Straße nach. Er liebte mich für meine Liebe zum Theater. Und umgekehrt.

Kleine Nachhilfestunde im Erstellen falscher Bilanzen

Thomas Mustermann hat 50.000 Euro Schulden. Die Bank kommt und sagt, Thomas, du hast Schulden, wie geht's weiter? Er sagt, dass in seiner Garage ein teurer BMW stehe. Dieser BMW würde genauso viel kosten, wie die Schulden hoch sind, nämlich 50.000 Euro. Das hebe sich gegenseitig auf. Gut, sagt die Bank zum ehrwürdigen Thomas Mustermann und empfiehlt: Verkauf den BMW, denn er wird im nächsten Jahr nicht mehr so viel

* Wie Hartmann falsche Bilanzen entdeckte, siehe Punkt 3 im ANHANG.

wert sein. Im Jahr drauf kommt die Bank wieder, Thomas Mustermann hat jetzt 70.000 Euro Schulden, er sagt, dass er jetzt schon zwei BMWs in der Garage stehen habe. Er habe den einen nicht verkauft, sondern sich noch einen zweiten zugelegt. Und dann kommt nach vielen Jahren so ein Depp aus Osnabrück und zwingt die Bank, die Garagen von Thomas Mustermann zu öffnen, in der sich angeblich ein riesiger Fuhrpark von einhundertachtzig BMWs befinden soll, als Gegengewicht zu den immer weiterwachsenden Schulden. Aber die Garagen sind leer. Und die Bilanzen sind falsch.

Im Theater macht diese Praxis noch weniger Sinn als bei Thomas Mustermann. Die BMWs hätte man im Zweifel tatsächlich verkaufen können, alte Bühnenbilder nicht. Das ganze Sperrholz ist nichts wert. Aber genau das machte das Burgtheater. Mein Betriebsdirektor zeigte mir ein Papier, wo dieser Vorgang angeordnet wurde. Alle technischen Vorstände hatten darauf unterschrieben. Dann kann es ja nicht sein, sagte ich, sonst unterschreiben doch nicht alle so ein Papier und legen es auch noch offen in den Verteilerkorb von deinem Büro. Oder unterschrieben erst recht alle, damit es nicht so schlimm ist? Wenn es doch eh alle machen? Oder waren die so doof, dass sie es überhaupt nicht wussten?

So machte das alles plötzlich Sinn. Das Burgtheater hatte Schulden, sie wurden versteckt, die Bilanzen waren falsch. Warum? Seit wann? Was sollte ich tun? Sollte ich zu meinem neuen Freund, dem Springer-Boss, gehen und ihn fragen, schließlich musste er das doch alles wissen. Während ich nachdachte, spielte im Hintergrund immer Nino Rota ein Stück aus dem *Paten*. Ich hatte Angst, zu Recht, aber ich wischte sie weg, schließlich war er mein Freund, Chef und der oberste Controller.*

Ich nahm mir ein Herz, lud ihn zu mir ins Büro und zeigte ihm das Papier. Er schaute und schaute, schwieg lange und zog seine große Stirn wie ein Elefant bekümmert in Falten. Er ließ die liebe Silvi ins Büro holen, zeigte es ihr und sagte: Du darfst dich beim nächsten Mal nicht wieder auf die Stelle der kaufmännischen Geschäftsführerin bewerben, jetzt, wo ich davon Kenntnis habe. Ich kann einer Vertragsverlängerung nicht mehr zustimmen …

Die liebe Silvi war schon Kummer gewohnt, das aber war jetzt ein schlechter Scherz. Warum spielte er vor mir diese Komödie? Wir gingen zu dritt ins Vestibül, einem schicken Restaurant im Seitenflügel des Burgtheaters. Wir tranken und weinten. Sie sagte zum Springer-Boss: Wenn ich falle, fällst du mit … Er tat, als wisse er nicht, wovon sie sprach. Brothers and sisters in crime. Und dazwischen ich mit einer Flasche Rotwein im Bauch. Oder auch zwei. Sie tat mir leid. Hatte ich die liebe Silvi jetzt umgebracht? Und dann kam die eigentliche Frage, die noch viel schlimmer war: Alle liebten ja die liebe Silvi, und mir wurde klar, dass ich es war, der hier gerade Selbstmord beging, weil ich sie ermordet hatte. Teile des Burg-Ensembles würden mich lynchen. Den Rückhalt bei den Schauspielern, wie in Bochum und Zürich, hatte ich in Wien nicht. Keinen Tag würde ich als ihr Mörder überleben. Zum ersten Mal in meinem Theaterleben war die natürliche Good-Cop-versus-Bad-Cop-Regel zwischen Kaufmann und Künstler umgedreht. Wie war das passiert? Ich hatte es nicht gemerkt. Warum

---

* Zur Aussage Springers vor dem Arbeits- und Sozialgericht, siehe Punkt 4 im ANHANG.

eigentlich? Weil ich doof geworden war, weil ich angekommen war an meinem Ziel und weil das Ziel ich selber war. Das ist immer das Ende. (»…dann sollst du mich in Fesseln schlagen …«)

Überall hatte ich Privilegien gekürzt. Die Schauspielerin Olga Ohnenamen (Name geändert) hatte zum Beispiel bei voller Bezahlung seit sieben Jahren keine Rolle gespielt. Ich hatte sie durch Zufall auf einer Gehaltsliste bei der lieben Silvi entdeckt. Sie war völlig untergetaucht. Da saß sie nun in meinem Büro und sagte, dass sie keine Zeit zum Arbeiten habe, sie habe ein Pferd und einen pubertierenden Sohn, sie sei völlig ausgelastet. Ein anderes Mal freute ich mich, Otto Ohnenamen (Name geändert) eine ganz hervorragende Rolle anbieten zu können. Ich rief ihn ganz stolz an, denn das war gar nicht leicht. Er war nicht so jung wie die Hauptrollen, die er gerne spielen wollte. Der Kollege am anderen Ende des Telefons nahm sich geduldig Zeit für mich. Er erklärte mir, dass er in dem gewünschten Zeitraum zunächst einen *Tatort* drehen würde, dann hätte man ihm einen Spielfilm angeboten, das sei zwar noch nicht fix, aber keinesfalls dürfe er sich die Chance verbauen, indem er in der Zwischenzeit in einem Theaterstück besetzt würde. Dann wolle er selbst eine Inszenierung in Frankfurt machen und dann, vielleicht im Mai, könnten wir mal über ein Projekt am Burgtheater sprechen.

Gelegentlich mochte ich solche Situationen gern. Es war anstrengend, bei der Verteilung der guten Rollen und bei der richtigen Einordnung von Talent und Gelegenheit immer und für alle Fairness zu bewahren. Wenn mir aber jemand so unverschämt kam wie jetzt dieser Kollege, dann durfte ich auch mal böse sein, dann war das Spiel »Böse gegen noch Böser« eröffnet. Ich antwortete also, dass ich volles Verständnis hätte, beglückwünschte ihn zu den tollen Projekten und zur guten Marktlage. Dann erklärte ich ihm, wenn er diesen Verpflichtungen nachkommen wolle, dass er aus dem Vertrag am Burgtheater ausscheiden müsse. Ich bräuchte seine Gage, um einen Ersatz für ihn zu finanzieren. Wenn dann alles vorbei ist, sagte ich, kommst du und wir schauen, ob wir ein schönes Stück zusammen finden. Zunächst als Gast. Dann vielleicht wieder im festen Vertrag von über 8.000 Euro mal 14 Monatsgehälter, wenn mehrere Projekte folgen sollten und es wirtschaftlich Sinn macht. Die Wut kam heiß durch den Äther. Nur die liebe Silvi hatte ihm damals noch helfen können. Und vielen anderen, die um ihre lieb gewordenen Gewohnheiten bangten und bei meiner Entlassung aktiv mitarbeiteten. Otto Ohnenamen allen voran.

Die liebe Silvi half und half. Bei der privaten Steuererklärung genauso wie mit fingierten Verträgen und Barauszahlungen. In den letzten 20 Jahren vor meinem Rauswurf hatten die meisten Schauspieler des Burgtheaters durch Silvis Tricks ihre Tantiemen und Diäten zum Beispiel von ORF-Aufzeichnungen cash vom künstlerischen Betriebsrat kassiert.* Wobei die neuen Kollegen von den älteren gebeten wurden, bitte nicht zu versteuern, das würde ein Fass aufmachen und alle würden im Nachhinein auffliegen.

Als neue Wirtschaftsprüfer ins Burgtheater kamen, erzählte ich ihnen meine Geschichte. Sie verstanden sofort und machten alles öffentlich. Sonst wären sie mitschuldig

* Wie der Betriebsrat Zuwendungen an Künstler in bar ausbezahlte, siehe Punkt 5 im ANHANG.

geworden. Später führten sie mir das ganze Ausmaß des Skandals vor Augen. Ich berief eine Ensemble-Sitzung ein. Ich sagte, dass wir einen Sack gefunden hätten, mit den größten Ungeheuerlichkeiten. Wir seien nun dabei, ihn zu öffnen und alles ans Tageslicht zu befördern. Jetzt weiß ich, dass das mein Todesurteil war. Ich erinnere mich an die Stille im Saal. An 50 nach innen gekehrte Augenpaare, die alle darüber nachdachten, wo in diesem Sack welche ihrer Ungeheuerlichkeiten gefunden würden. Diejenigen, die mich angesichts dieser Blödheit immer noch mochten, klopften mir bei meiner Entlassung mitfühlend auf die Schulter und meinten, ich habe Wien nicht verstanden.*

Nach meiner Entlassung wurde im Burgtheater ein Büro eingerichtet, in dem mehrere Menschen daran arbeiteten, Steuerhinterziehung aufzuarbeiten. Im ganzen deutschsprachigen Raum, von Berlin bis Hamburg, Zürich und München klingelten die Telefone von Künstlern, die in den letzten zehn Jahren am Burgtheater gearbeitet hatten. Sie sollten nachversteuern und sich selbst anzeigen. Alles moralisch hochstehende Persönlichkeiten, normalerweise damit beschäftigt, im Theater der Welt den Spiegel vorzuhalten und den Machtmissbrauch und die Ungerechtigkeiten unserer modernen, kapitalistischen Gesellschaft zu demaskieren. Theaterleute können nichts geheim halten, es sei denn, es geht ums eigene Geld, dann geht's ganz gut. Meine Kostümbildnerin erzählte mir später, dass sie nachgefragt hätte, ob denn das nicht auffliegen könne. Die liebe Silvi habe geantwortet, sie hätte, so wörtlich, einen sehr kurzen Draht zu der Behörde. So habe man immer noch genug Zeit, die

* Wie die Rechnungshofberichte von der Politik missbraucht wurden, siehe Punkt 6 im ANHANG.

Dinge zu bereinigen. Das alles hatte etwas Spielerisches, etwas Robin-Hood-artig Erfindungsreiches. Der böse Staat wurde von den Bohemiens genarrt, das war lustig und viele fanden das irgendwie edel und waren dabei.

Sogar die Gagen von Künstlern wurden in der Bilanz als Werte gegen die Schulden verbucht. Manchmal waren es echte Honorare und manchmal schlicht fiktive Summen.

Eine Bilanz kann man sich vorstellen wie eine Kinderschaukel, die das Gleichgewicht hält. Die schwarze Null. Springers Lieblingsnull. Steht an einem Ende der Spielkamerad plötzlich auf, stürzt das Kind am anderen Ende unversehens zu Boden. Hier war's ein dickes Kind, es fiel viele Millionen Euro tief.*

Hallo, die Hasenjäger sind wieder da

Öffentlich gemacht, bekam der Skandal schnell einen Namen. Er hieß Matthias Hartmann. Ich glaube, für die Dame vom Kulturteil des *Profil* war ich genau das, was man hassen muss. Groß, deutsch, laut, männlich und auf eine unangenehme Art unkaputtbar, seitdem ich Zuflucht in der vermeintlich uneinnehmbaren Burg genommen hatte. Sie wollte auch immer Teil der deutschen Bedeutungsindustrie sein. Bei ihr und beim ORF war ich nicht der, der den Skandal aufgedeckt hatte, im Gegenteil, die Schulden, das war ganz klar, hatte ich gemacht. Die Hasenjäger waren wieder da!

Profil und ORF schickten keine Investigativ-Journalisten. Wenn es um ein Kunstinstitut geht, schicken die Chefredak-

* Wie alle Abteilungen im Burgtheater beim Erstellen falscher Bilanzen mitgemacht haben, siehe Punkt 7 im ANHANG.

teure Kulturjournalisten, logisch, und die kennen sich mit sowas nicht aus. Einmal meldete sich der ORF und kündigte an, in der Nachrichtensendung *ZIB* zu berichten, dass ich 13 Millionen Euro Schulden zu verantworten habe. Ich rief den Redakteur an, dass das nicht stimme. Ich kroch und bettelte, appellierte an seine journalistische Ehre, hoffnungslos. Ich warnte ihn, dass er erwiesenermaßen Lügen verbreiten würde. Das zog, er gab mir zwei Stunden Zeit, das Gegenteil zu beweisen. Das war wenig, gelang aber. Er schrie, er habe die Sendung bereits fertig gehabt, dann habe ich sie mit meinen Beweisen zerstört, ob ich denn überhaupt keinen Anstand habe. Ich solle mich auch einmal in seine Lage versetzen. Ich versuchte, ihn zu bedauern, hoffte, dass er deswegen in Zukunft vielleicht etwas gnädiger und vielleicht auch journalistisch gründlicher vorgehen würde.

Später, als alles vorbei war, bat mich eine Theaterkritikerin der *Süddeutschen Zeitung* freundlich um ein Interview. Ich willigte unter der Bedingung ein, dass sie einen Investigativ-Journalisten aus der Wirtschaftsredaktion mitbringen würde. Ich holte Peter Raddatz als Berater dazu. Die beiden warfen sich die Bälle zu und wir dazwischen schauten ihnen zu, rechts, links, wie beim Tennis. Der Journalist war euphorisch. So ein geiler Skandal. Was man da noch alles aufdecken könne. Daraus könne man eine Fortsetzungsgeschichte stricken. Da würden noch einige dran glauben. Gleichzeitig verlor die Theaterkritikerin das Interesse. Das war nicht das, was sie wollte. Konnte ich die wahren Verhältnisse und wirtschaftlichen Verwicklungen einmal wirklich und in Ruhe erklären, verloren die meisten Kulturjournalisten das Interesse.

Die Wirtschaftsprüfer von der KPMG hatten jetzt Blut geleckt, sie schickten Forensiker. Die können auch gelöschte Festplatten wieder zum Leben bringen – denen entgeht nichts. Sie stießen auf ein verborgenes Reich an Ungeheuerlichkeiten, Selbstbereicherungen und Finanzmanipulationen. Das Büro der kaufmännischen Geschäftsführung wurde versiegelt wie in einem Kriminalfilm. Die liebe Silvi durfte das Theater nicht mehr betreten. Nichts durfte verrückt oder vom Platz genommen werden.

Sie verfassten einen Bericht. Darin stand, dass mein Vorgänger seine Abfindung – seine Zeit als Direktor der Volksoper eingerechnet – von zigtausend Euro vom Burgtheater bitte nur in bar (mit abgezählt sieben Rufzeichen) nicht auf sein Konto bekommen solle. Dass meine Vorgängerin bzw. Nachfolgerin Karin Bergmann Einzahlungen von mehreren Tausend Euro ins Burgtheater vornehme und Christoph Schlingensief auch, obschon er bereits seit einem Jahr tot war. Es gab Listen mit gefälschten Unterschriften und Buchungen von angeblichen Einzahlungen und Auszahlungen an Silvia Stantejsky, die um Zigtausende differierten. Die Presse bekam diese Berichte nur geschwärzt.*

Viele Mitarbeiter organisierten einen offenen Solidaritätsbrief mit der lieben Silvi. Gegen den Springer-Boss als Chef der Holding und obersten Kontrolleur, denn er müsse schließlich alles gewusst haben. Und gegen mich. Als Co-Geschäftsführer. Dieser Brief wurde in die Feuilleton-Welt gesendet und jetzt ging's los. Vom *Spiegel* kam ein Theaterkritiker nach Wien. Ein Interview geben wollte ich nicht, weil der

---

* Was die Presse in den geschwärzten Berichten teilweise nicht lesen konnte, siehe Punkt 8 im ANHANG.

Skandal gefräßig war und ständig neue Nahrung brauchte. Ganz gleich, was ich sagte. Was für ein Lärm aus Mörsern und Granaten, wenn neue Meldungen kamen, Splitterbomben voller Falschmeldungen und Gerüchten, dann wurde es wieder heiß auf meinem Gesicht. Am meisten dort, wo man rot wird vor Wut und Scham. Nur dass diese Hitze ganz physisch und von außen kam. Ein österreichisches Magazin meldete, dass man auf meinen Porsche geschossen hätte. Mit Foto. Meiner stand unversehrt in der Garage. Ich dachte, wenn es so weit ist, dass eine seriöse Zeitung ohne Angst vor Konsequenzen mit falschen Fotos kommt, dann ist alles erlaubt. Und immer meine Glatze auf den Revolverblättern, die meine Kinder von der Schule oder aus dem Bus mit nach Hause brachten. Den Abend verbrachte der Theaterkritiker zwecks Recherche für den *Spiegel* mit der Dame vom *Profil* und schrieb einen Hasentod: Ich sei nicht nur schon seit jeher ein Künstler ohne nennenswerte Bedeutung gewesen, jetzt sei es evident, dass ich auch noch ein schlechter Kaufmann sei. Mein Vater war schon tot. Das einzige Mal, dass ich mich darüber freute, denn das hätte er nicht überlebt. Ich schrie: ich habe den ganzen Schlamassel aufgedeckt. Sinnlos.

Monatelang, während diese Krise tobte, hatte Springer-Boss auf mich eingewirkt: Man müsse gemeinsam in einem Boot bleiben, nur so sei die Krise zu überstehen. Immer wieder lud er mich nach meinen Theaterproben ins Palais Liechtenstein ein, um mich zu beschwören. Die Kuh darf nicht aus dem Stall …, sagte er. Sie liefen zu dritt im Gänsemarsch um das Sofa herum, auf dem ich saß. Er, sein Aufsichtsrats-Chef, der stellvertretende Chef der Österreichischen Nationalbank Max Kothbauer, der sich immer so lieb in der Tapete hinter sich auflösen wollte, und mein neuer kaufmännischer Direktor Thomas Königstorfer, der eigentlich gekommen war, um mit mir den Skandal zu entflechten. Alle drei schauten mich mit lieben Eichhörnchenaugen an, hielten einen Teller mit Bündnerfleisch hoch und gossen teuren Rotwein in mich hinein. Die drei Herren waren so nett, aber ich wollte nicht in ihr Boot. Der Platz für mich dort war der, der die Verantwortung übernehmen würde. Ich war aber gerade dabei, herauszufinden, dass das Desaster in der Zeit vor mir begonnen hatte. Und das wollte ich beweisen. So schnell wie möglich.*

Glatzenhase hatte alle erdenklichen Haken geschlagen, hatte immer wieder guten Rat angenommen und noch mehr Rat wieder in den Wind geschlagen, aber nichts erreichte sein Ziel. Es kamen nur immer neue Horrormeldungen und immer wieder Zahlen in die Debatte – keiner verstand sie, nur eines war klar, es wird was dran sein, irgendetwas muss ja dran sein, an Hartmann und diesem Skandal. Die Eigendynamik eines Skandals funktioniert wie schwarze Löcher, sie leben von der Energie, die sie selbst vernichtet. Die letzte Rettung, sagte mein Presseberater, ob ich denn beweisen könne, dass die Schulden des Burgtheaters, über die die Medien immerfort schrieben, schon da waren, bevor ich nach Wien gekommen sei. Ich solle zusammen mit meinem neuen Geschäftsführer eine Pressekonferenz machen.

Am 6. März erhielt ich mitten in der Nacht eine SMS vom Springer-Boss: Wenn du das machst, dann auf Wiedersehen. Danach passierte einiges. Nur so viel: Die Pressekon-

* Beispiele zu unterlassenen Steuer- und Abgabezahlungen aus der Ära Drozda, siehe Punkt 9 im ANHANG.

ferenz zusammen mit meinem neuen kaufmännischen Geschäftsführer gab's.*

Eine Woche später war's aus. Der Minister entließ mich.**

Die Politik hatte ihre Aufsicht und Obacht vernachlässigt. Österreich ist nicht groß. Viele wechselnde politische Koalitionen, viele Minister unterschiedlicher Parteien, viele Aufsichtsräte aus unterschiedlichen Ministerien und hohen Ämtern sollten Verantwortung tragen, ohne wirklich beteiligt zu sein. Sie hatten keine Ahnung.

Bis zum heutigen Tag wissen die meisten nicht, was tatsächlich hinter dem Skandal steckte. Was man weiß: dass der Springer-Boss für eine ausgeglichene Bilanz belohnt wurde.*** Logisch, weil die Politik dem Theater weniger Geld nachschießen musste, solange er ausgeglichene Bilanzen vorwies. Wenn es stimmt, dass die liebe Silvi das für ihn erledigt hatte und sich der ganze Laden dadurch in ein Schattenreich des Chaos verwandeln konnte, in dem sich die absonderlichsten Dinge abspielen würden, dann wird man das nie erfahren. Niemand will das mehr wissen. Weil es viele hätten wissen müssen.****

Man sagte mir, ich solle das Burgtheater verklagen. Ich verstand nicht, wie das gehen sollte. Man sagte mir, das Burgtheater sei mein Arbeitgeber gewesen und deswegen der zu Beklagende, juristisch sei das der richtige Weg. Es kam mir falsch vor, als ob ich mich selbst verklagen würde.

---

* Worum es in der Pressekonferenz ging, siehe Punkt 10 im ANHANG.

** Wie sich der Entlassungsgrund als nicht tragfähig erwies, siehe Punkt 11 im ANHANG.

*** Bundestheater-Holding-Chef Springer kassierte Boni trotz mangelhafter Überwachung, siehe Punkt 12 im ANHANG.

**** Was *Der Standard* von Stantejskys Verurteilung hält, siehe Punkt 13 im ANHANG.

Die Verantwortlichen außerhalb der Burg waren die Verantwortlichen. Seltsam war auch, dass der Rechtsanwalt und Freund vom Springer-Boss gleichzeitig auch das Burgtheater vertrat. So konnte sich doch nie herausstellen, wie weit er an dem ganzen Schlamassel beteiligt war. Absurd. Aber ich musste ohnehin meine Klage ruhen lassen. Man kann nicht klagen, wenn gegen einen selbst ermittelt wird, weil die Versicherung in einem solchen Fall nicht zahlen würde und hier ginge es dann um Millionen von Rechtsanwaltskosten. Also musste ich warten. Fünf fucking Jahre lang.*

Dann wurde mir angeboten, dass wir uns vergleichen. Die Erklärung: Mit heutigem Wissen hätte man anders gehandelt. In der Zwischenzeit waren praktischerweise mögliche Vorwürfe gegen den ehemaligen Vizekanzler und den noch ehemaligeren kaufmännischen Direktor des Burgtheaters verjährt. Es war genug.

Über die Details zum Vergleich wurde Stillschweigen vereinbart. Das macht man so. Gekaufte Ruhe. Aber ums Geld ging's eh nicht. Eher darum, was meine Anwälte voraussagten. Den Prozess würde ich gewinnen, das sei klar, in der nächsten Instanz jedoch würde ich dann wieder fünf Jahre warten. Einem staatlichen Unternehmen gingen die Ressourcen nie aus. Ich gab auf.

Meine Anwälte luden mich und meine Frau in Wien zum Essen ein, um sich auf »gute Weise« von uns zu verabschieden. Japanisch. Man hob das Glas. Auf ein neues Leben: …und jetzt müssen Sie das Ganze aber vergessen, Herr Hartmann. Danach schnell in den letzten Railjet nach

---

* Wann das Verfahren gegen Hartmann eingestellt wurde und wann es zum Vergleich kam, siehe Punkt 14 im ANHANG.

Salzburg. Zu den Kindern. Fort aus Wien. Wir waren todmüde. Ah, so fühlt es sich also an, wenn es vorbei ist? Kein goldenes Licht, nicht plötzlich fünf Jahre jünger, in Zeitlupe am Strand rennen, mit Orchestermusik aus der Shampoo-Reklame? Am Tisch auf der anderen Seite des Gangs unseres Großraumwaggons saßen zwei 45-jährige Menschen an Rechnern einander gegenüber. Mann und Frau. Sie hatten die gleichen Anzüge an. Gleiche Farbe, gleicher Stoff. Auch die gleich grau werdenden blonden Haare. Sie hätten in einer Netflix-Serie FBI-Agenten spielen können. Hallo Herr Hartmann, kennen Sie uns noch? … Wir sind's doch, die Forensiker von der KPMG, wir haben damals das Burgtheater umgedreht. Die beiden Forensiker besitzen eine externe Agentur in Linz und werden für besonders knifflige Fälle geholt. Es war verblüffend, sie wussten noch alles. Kannten jeden Buchhalter des Burgtheaters mit Namen. Wie, der Kassenmann arbeitet immer noch dort? Und die Buchhalterin haben sie auch nicht entlassen? Wie geht das denn? Großes Gelächter. Sie kannten die geschwärzten Berichte und teilweise sogar die Summen und Daten von Buchungen. Plötzlich waren wir wieder wach. Die beiden freuten sich. Noch nie in ihrer beruflichen Laufbahn hatten sie einen so spektakulären Fund gemacht. Sie warfen sich gegenseitig Fakten zu und schlugen sich vor Vergnügen auf die Schenkel. Ich lachte mit, mir war zum Kotzen. Sie erzählten, wie sie zu ihrem großen Bedauern wieder heimgeschickt worden waren, kaum dass sie in der Lage waren, in dieses riesige Reich der Ungeheuerlichkeiten hinabzublicken. Man habe sich bei ihnen freundlich bedankt und ihnen gesagt, von hier würde die Burg wieder übernehmen.

Warum sie nicht weitermachen durften? Sie waren ja nicht von der Polizei. Sie waren von der Holding bzw. dem Burgtheater beauftragt worden, und wer einen beauftragt, kann den Auftrag auch wieder stornieren. Es gab kein Interesse, die Umstände in noch größerer Tiefe zu ergründen und die Mitverantwortlichen enttarnen zu lassen.

Und was machen Sie jetzt so, Herr Hartmann? Ich sagte, dass mein Leben sich einschneidend verändert hätte, dass ich nicht mehr das tun würde, wofür ich eigentlich bestimmt gewesen sei und dass ich irgendwie immer noch hoffen würde, dass die Wahrheit ans Licht komme, denn ich hätte bisher nichts anderes in meinem Leben getan als Theater. Die beiden waren plötzlich etwas beklommen und versuchten, mich aufzuheitern. Der Mann fragte, ob ich mir bitte einen Ort in Österreich vorstellen könne, der am weitesten von jeder Zivilisation entfernt ist.

Also stellte ich mir diesen Ort vor: Irgendwo kurz vor der tschechischen Grenze, Farne und Geröll, dunkelgrauer Himmel, nasser November. An diesem Ort, erklärte der Forensiker, hätten DIE, bei »DIE« zog er die Augenbrauen hoch und lachte schon wieder, dort hätten DIE ein ungefähr zehn Kilometer tiefes Loch in die Erde gebohrt. DIE hätten eine Schatulle verplombt und in dieses Loch hinabgelassen und dann das Loch wieder aufgefüllt. In dieser Schatulle sei jetzt mein Fall. Für immer und ewig. Unauffindbar. Dann lachten die beiden Forensiker. Wir waren in Linz, sie stiegen aus.

Meine Fantasie ging natürlich weiter. Ich krieche also im November mit nordfriesischer Ölkleidung und einem Metalldetektor nachts im Regen an der tschechischen Grenze entlang. Es piepst. Ich grabe. Die Forensiker hatten gesagt, es sei zehn Kilometer tief vergraben, wie soll das gehen?

Aber es lohnt sich, wenn es um Gerechtigkeit geht. Ich buddle mich also ein. Eineinhalb Meter. Puh, zehn Kilometer? Das wird nichts. Das sind unendlich viele Kubikmeter Erde, die man bewegen und wegschaffen müsste. Das wird mir nun auch klar. So hat es keinen Sinn. Ich bin erschöpft und nass und pleite. Aber ich finde wohlhabende Freunde, die mir helfen. Sie stellen Bohrköpfe zur Verfügung, die sich wie Roboter selbstständig immer tiefer in die Erde eingraben. Gibt es übrigens wirklich. Und tatsächlich, es gelingt, sie kommen in die Tiefe und, o Wunder, sie finden die Schatulle mit dem Skandal. Wie schön ist das denn? Jetzt kommt alles ans Licht!

Aber o weh, das ist der falsche Skandal, den ich da in der Schatulle finde. Hat Österreich auch längst vergessen und klingt noch irrer. Es geht um den früheren kasachischen Botschafter Rachat Alijew, der 2015, also kurz nach meinem Rauswurf, tot in der Zelle eines Gefängnisses in Wien aufgefunden worden war. Ausgerechnet ein deutscher Gutachter wollte nun herausgefunden haben, dass er dort ermordet worden sein soll. Aber weil in Österreich nicht sein darf, was nicht sein soll, fand man neue Gutachter. Wenn die also nicht in der Lage sind, so einen saftigen Skandal aufzuklären, warum soll ich jetzt noch weiter graben und versuchen, meine Schatulle zu finden?

Ich gebe auf. Völlig erschöpft stolpere ich durch die Dämmerung, bleibe an Absperrungen mit Flatterband hängen, an denen Schilder mit den Namen bekannter Österreicher hängen. Es sind Vorbereitungen für zukünftige Schatullen-Versenkungen.

Ich verlaufe mich über allen Grenzen, lande in einem verlotterten Gasthof und bestelle ein Bier vom Fass. Es wird still um mich herum. Oder anders, ich höre nichts mehr von außen, nur von innen, wie Tinnitus. Ich bekomme Angst. Ich schaue mich um und sehe, in einen dunklen Saal hinein, eine morbide Szene. Am Ende des Saals eine kleine Bühne mit verstaubter Dekoration. Augenscheinlich war eine Party im Gange gewesen, sie ist erstarrt. Merkwürdige Gestalten starren mich feindselig an. Stille. Ganz dünne, verbeulte Politikeranzüge, Otto-Dix-Gestalten. Gecken, Zwerge ohne Gesichter, Popanze, ein zusammengeflickter Gasballon, Elefantenohren und Rüssel hängen wahllos um einen Rollator gewickelt. Ein Etikett ist angeheftet: Pensionist, handle with care. Nur auf der kleinen Bühne, angestrahlt von einer Rampe mit drei flackernden Glühbirnen, dreht eine sehr dicke Frau mit Fußfessel gedankenverloren ihre Runden auf Rollerskates um die Dekorationsteile eines längst abgespielten Theaterstücks, als hätte sie als Einzige nichts mitbekommen. Man hört nur die Silikonrollen auf den alten Dielen, die sich unter dem Gewicht biegen. Es stinkt erbärmlich. Auf der Schabracke über dem kleinen Portal wird das Theaterstück *Wir sind noch einmal davongekommen* von Thornton Wilder angekündigt. Tortenspitzen, Gruß- und Beileidskarten, Luftschlangen fliegen herum. Hier haben Taufen und Begräbnisse stattgefunden. Anfänge und Enden. Was sind das für Figuren? Sie kommen mir bekannt vor. Aufsichtsräte von Ministerien, Banken und Casinos. Stellvertretende Bundeskanzler und noch stellvertretendere Burgtheater-Direktorinnen, Ex-Minister und ihre Ex-Ex-Vorgänger-Minister und deren ganze Entourage. Sie alle hatten gerade ein heimliches Fest. Sie feierten, weil ich die Roboter-Bohrer meiner wohlhabenden Bekannten versehentlich zum Alijew-Skandal geschickt habe. Dass ich jetzt plötzlich in ihrer Mitte stehe, überrascht sie genauso wie mich. Ich stehe von meinem Barhocker auf und frage die erstaunte Runde, was machen wir mit dem angefangenen Abend? Ein Männchen aus Anzug, Haut und Knochen, das mich extrem an meinen lieben Freund, den politischen Referenten erinnert, der so raffiniert gewesen war, diese Funktion über viele Jahre bei allen Kulturministern hintereinander zu behalten, zieht plötzlich seine Lefzen hoch. Das ewige Lächeln in seinem Gesicht zu einer Joker-Fratze erstarrt. Das gefletschte Maul offenbart rostige Nägel statt Zähnen. Er versucht zu lächeln, es misslingt, stattdessen Fauchen und Knurren: Hase, du existierst doch überhaupt nicht mehr.

Er hatte recht. Der Hase hatte das Feld geräumt. Es wurde schlagartig still.

Stille

Das Einzige, auf das ich mich immer verlassen hatte, das war mein Publikum. Wie sollte ich ohne Theater an mein Publikum kommen? Die Bedeutungswächter hatten die Burgtore verrammelt, von da würde keine Hilfe kommen. Kulturpolitiker, die sich früher um mich gerissen hatten, waren plötzlich höflich, distanziert und feige. Die ganze Branche hatte ich genervt. Zu eitel, zu ausverkauft, zu Hase und bei den Stellenbesetzungen allen im Weg. Wie lange ich ihnen vor der Nase herumgetanzt hatte, das bekam ich jetzt zu spüren. Man würde streng darauf achten, dass ich da bliebe, wo ich jetzt war.

Vielen Kolleginnen und Kollegen habe ich in meiner Zeit als Intendant an verschiedenen namhaften Theatern durch Empfehlungen und Geschicklichkeit geholfen, selbst in leitende Positionen zu gelangen und so ein neues Kapitel in ihrem Leben aufzuschlagen. In dem Moment, als ich jetzt dringend Hilfe brauchte, meldete sich niemand bei mir.

Mit jedem Tag, an dem nichts passierte, wurde es erbärmlicher. Viele Kollegen wussten nicht, ob sie sich auf meine Seite hätten schlagen sollen, oder waren sich nicht sicher, wer denn die Verbrecher sind und wer nicht und, falls sie selbst dabei gewesen sein sollten, wie nah sie sich in der Nähe des Tatorts oder des Tatverdächtigen hätten blicken lassen können.

Dem hartnäckigen Opernintendanten aus Genf hatte ich früher immer abgesagt. Jetzt war er der erste, der anrief. Herr Hartmann, wie geht es Ihnen? Mein endloses Räuspern ignorierte er. Würden Sie bei mir …? JA! brüllte ich ins Telefon. Ich wurde an der Pforte des Grand Théâtre de Genève abgeholt, betrat von hinten die Bühne, zog die Luft ein und konnte zum ersten Mal nicht anders, ich heulte Rotz und Wasser wie ein kleines Kind. Die Männer um mich herum schauten peinlich zur Seite.

Wenn ich früher bei Gastspielen in fremden Städten oder Ländern zu den Proben auf meine Kollegen wartete oder im Anschluss an die Aufführungen nach ihnen Ausschau hielt, gab es immer einen bestimmten Moment. Dort auf der Straße oder in der Wirtschaft fand ich sie, in der Fremde, als wären sie Heimat. Wir haben gerungen, gesiegt und verloren, uns verletzt, getröstet und enttäuscht. Mit Schauspielern muss ich mich immer versöhnen. Das ist die Grundvoraussetzung meiner Existenz, ein eingebauter Mechanismus.

Aus ehrlicher Liebe und Freundschaft zu seiner lieben Silvi war während des Skandals der österreichische Schauspieler Johannes Krisch stellvertretend für einen Teil des Ensembles mein ärgster Widersacher gewesen. Auf dem Weg ins Hotel und auf der Suche nach einem Schlummertropfen kam er mir vor Kurzem aus einer Gaststätte in Wiens Josefstadt entgegen gestolpert. Wir wussten erst nicht, wie wir reagieren sollten. Waren wir noch Feinde? Und warum waren wir es eigentlich gewesen? Wer hatte dahintergesteckt? So viel Schicksal. Dann lachten wir und machten das, was Seefahrer, Feuerwehrleute und Astronauten auch immer machen, von Claus Peymann erzählen.

Wenige Monate nach dem großen Knall rief der Red Bull-Erfinder Dietrich Mateschitz an. Was denn da los sei? Ich sagte, das sei nicht in einem Satz zu erklären. Wie lange ich denn dafür bräuchte. Wenig später machte es FumbFumbFumb, ein Helikopter landete auf der Wiese vor dem Gasthof am Irrsee. Mateschitz fragte anders, als ich es kannte. Spielerisch ergänzte er die Geschichte und lachte sogar. Zwischendurch ein »klar«, oder ein »und der hat dann die Aussage zurückgezogen und du standst im Regen?«

Ja, sagte ich, aber woher weißt du das? Weil man das so macht. Und dann: magst du für mich arbeiten? Ab und zu kannst du auch Theater inszenieren. So ist es nun. Meistens Oper in Italien.

Der richtige Partner in der Not. Neugierig, wie ich seine Welt inspirieren würde. Dieser Mann war unkonventionell und hat etwas getan, das ausgerechnet mir als Theaterkünstler unvorstellbar schien, er hat mir die Chance gegeben, die Welt zu wechseln. Was für ein Erlebnis. Ein neues Buch.

Ob ich das Theater vermisse? Die Gebäude fehlen mir. Ihr Geruch. Der Pförtner, der Kantinenflur, die Maskenabteilung, der Erwartungsdruck des Publikums, der die Soffitten bläht. Die Stille und die Lacher aus dem Zuschauerraum, wenn ich von der Seitenbühne lausche. Und die Sprache, die ich im Laufe meines Theaterlebens mit vielen herrlichen Schauspielern entwickelt habe, die würde ich gelegentlich gerne wieder sprechen.

Worauf ich nach vielen Jahren noch immer am neugierigsten bin, was ich bis zum Ende noch erforschen mag? Wie Theater funktioniert.

Eine Milchmädchenrechnung und 10 Punkte zur Rettung des Theaters

»Nichts […] ist für das Wohl eines Theaters gefährlicher, als wenn die Direction so gestellt ist, daß eine größere oder geringere Einnahme der Casse sie persönlich nicht weiter berührt, und sie in der sorglosen Gewißheit hinleben kann, daß dasjenige, was im Laufe des Jahres an der Einnahme der Theater-Casse gefehlt hat, am Ende desselben aus irgend einer andern Quelle ersetzt wird.«

GOETHE IM GESPRÄCH MIT ECKERMANN

Für Theaterleute ist es schön, wenn viel Publikum kommt, aber künstlerische Bedeutung kommt von Fachjournalisten, und Geld kommt von der Subvention. Der Kommunismus ist am falschen Menschenbild gescheitert. Das deutschsprachige Stadttheater auch. Wie könnte man Anreize schaffen und das Theater für mehr Publikum belohnen? Und umgekehrt für die Vernachlässigung des Publikums sanktionieren? So wie es sonst überall auf der Welt üblich ist?

Würde ein Theater ganz viel Geld mit dem Erlös von Eintrittskarten verdienen, würde das nicht viel helfen, denn die Kartenerlöse bilden in unserer Zeit nur einen kleinen

Teil von dem, was man finanziell für den Betrieb braucht, der ja auch das sogenannte nicht-künstlerische Personal umfasst, also Technik, Requisite, Maske, Garderobe, Werkstätten, Ton, Licht. Das sind mehr, als man denkt. Die müssen alle ihre Familien ernähren. Da wird kein Geld verschleudert. Arbeit ist teuer und wird immer teurer. Die Gewerkschaften einigen sich mit den Arbeitgebervertretern über die Köpfe der Theater immer wieder auf höhere Löhne, aber die öffentlichen Zuschüsse werden nicht angepasst. Sie erweisen dem Theater einen Bärendienst, denn so spart es sich bei gleichbleibender Subvention tot.

Früher haben sich die Truppen von Shakespeare und Molière die Einnahmen nach der Aufführung mit den Veranstaltern geteilt. Und der König gab auch noch was dazu, dann ging's halbwegs. Heute machen die Einnahmen an der Theaterkasse nur noch zwischen 7 Prozent (Münchner Kammerspiele) und 25 Prozent (Zürcher Schauspielhaus) des Budgets aus. Deswegen hier ein Vorschlag für einen Hebelmechanismus, von dem Theater und Kommunen im gleichen Maße profitieren.

Das Theater, das ich mir hier modellhaft ausdenke, ist ein typisches, mittelgroßes deutsches Sprechtheater. Für Dreispartenbetriebe (Oper / Orchester, Schauspiel, Ballett) können die Variablen angepasst werden. Dazu später die Formel.

Dieses Theater erhält 20 Millionen Euro Subvention. Dazu erwirtschaftet es 20 Prozent durch Eintrittskarten, also 4 Millionen Euro. Ergibt zusammen und ohne Nebenerträge 24 Millionen Euro Gesamtbudget.

An der Höhe der Subvention will ich nichts ändern, niemandem etwas wegnehmen; aber ich möchte dieses Theater in die Verantwortung dafür bekommen, dass es mindestens die 4 Millionen Euro Tickets verkauft. Das ist der Hebel. Verkaufen sie weniger, sinken nicht nur die Ticketerlöse, sondern auch die Subventionen. Verkaufen sie mehr, würde ihre Subvention sich überproportional erhöhen. Es wäre eine Art Belohnung. Und das ginge folgendermaßen:

Das Budget würde sich aus drei Teilen zusammensetzen. Einer Art Grundlagensubvention, in diesem Fall von 10 Millionen Euro, die den Notlauf des Betriebs garantiert, aus den Ticketerlösen und aus der Extrasubvention, die sich aus der Höhe der Ticketerlöse ergibt. Nimmt das Theater beispielsweise wie zuvor 4 Millionen Euro durch Tickets ein, wird mit dem Faktor 2,5 die Extrasubvention errechnet. Für jeden eingenommenen Euro an der Theaterkasse gibt es 2,50 Euro Extrasubvention. Das sind in diesem Fall 10 Millionen Euro. Die Rechnung lautet dann also: 10 Millionen Grundlage, 4 Millionen Tickets, 10 Millionen extra. Womit wir, wie zuvor, bei 24 Millionen Euro Gesamtbudget wären.

Was aber geschieht, wenn an dem Theater durch schlechte Programmierung die Ticketerlöse auf 1 Million Euro zusammenschmelzen? Dann sinkt das Gesamtbudget: 10 Millionen Euro Grundsubvention plus 1 Million Euro Tickets plus 2,5 Millionen Euro Extrasubvention, machen 13,5 Millionen Euro Gesamtbudget. Das sind 11,5 Millionen Euro weniger Budget. Das tut weh.

Umgekehrt kann das Theater, wenn es die Einnahmen erhöht, das Budget überproportional steigern. Es könnte dann also mit künstlerischen Projekten experimentieren, auch wenn die möglicherweise nicht so viel Publikum binden. Mit der Grundsicherung und dem Faktor hätte man zwei Variablen, die auf die jeweiligen Bedürfnisse der Standorte und Kommunen abgestimmt werden könnten.

So also könnte die Zauberformel für ein neues Subventionssystem aussehen, das Erfolg belohnt und Misserfolg eben nicht:

$$S = Sfix + (E * F)$$

*Subvention = Fixanteil + (Eintrittseinnahmen * Faktor)*

$$G = (Sfix + (E * F)) + E$$

Gesamtbudget = Subvention + Einnahmen

Und das sind die 10 Punkte zur Rettung des Theaters:

1. Theater müssen am wirtschaftlichen Erfolg beteiligt werden, ohne ihre Existenz zu gefährden, durch ein System der Bonus-Subvention, wie ich es oben beschrieben habe.
2. Regisseure sind Subunternehmer und werden über Tantiemen genauso abgegolten wie die Autoren. Man könnte sie auch ab einer gewissen Anzahl von Aufführungen an den Kassenerlösen beteiligen, wie es im Film/Fernsehen geschieht.
3. Verträge von Schauspielern beinhalten ein Grundgehalt plus Boni ab einer gewissen Anzahl monatlicher Vorstellungen (12?).
4. Flexible Arbeitszeiten für alle technischen Gewerke, die auf die Bedürfnisse des Theaters zugeschnitten sind.
5. Höhere Tariflöhne werden durch jeweilige Subventionserhöhungen ausgeglichen.
6. Das Marketing (Agentur oder Inhouse) wird prozentual am Sponsorenaufkommen beteiligt, finanziert sich durch eine Provision und erhöht so die zusätzlichen Einnahmen.

7. Es wird ein verbindlicher Bildungsauftrag definiert, der jedes Jahr anhand des Spielplans mit den verantwortlichen Kulturpolitikern abgeglichen wird. Er beinhaltet jede mögliche Form von Theater. Klassisches, zeitgenössisches, Stückentwicklung und Roman- sowie Filmadaptionen.
8. Je nach Premierendichte sollten pro Saison nicht mehr als zwei Musicals programmiert werden (so einfach darf man es sich nicht machen).
9. Regelmäßige Workshops zur Weiterbildung mit professionellen Coaches. Sport, Sprachtraining, Musikunterricht. Wenn möglich in Zusammenarbeit mit den Schauspielakademien in der jeweiligen Region.
10. Jugendtheaterarbeit ist verpflichtend.

Anhang

von Rainer Fleckl

1. Wie schon bei der Gründung der Bundestheater-Holding ein Systemfehler eingebaut wurde

Thomas Drozda, kulturpolitischer Berater von SPÖ-Bundeskanzler Franz Vranitzky, war 1998 der Architekt der Bundestheater-Holding als Dachverband für Burgtheater, Staatsoper und andere wichtige österreichische Kulturinstitutionen. Drozda wurde in diesem Jahr auch kaufmännischer Geschäftsführer der Burgtheater GmbH. In die neue Konstruktion schlich sich jedoch ein Systemfehler ein: Es wurde auf die jährliche Anpassung der Subvention an die Inflation kein Augenmerk gelegt. Somit entstand über die Jahre ein strukturelles Defizit. Nach 15 Jahren war die Subvention inflationsbereinigt daher nur etwas mehr als die Hälfte wert.

Silvia Stantejsky, die an der Universität Wien eine Diplomarbeit zur »Materialwirtschaft im Burgtheater« geschrieben hatte, kam 1980 als Leiterin des Betriebsbüros an das Burgtheater. Unter der künstlerischen Intendanz von Klaus Bachler wurde sie 1999 Stellvertreterin des kaufmännischen Direktors Thomas Drozda. 2000 erhielt Stantejsky Prokura und war fortan für Personal-, Rechts- und Vertragsangelegenheiten sowie für Produktionsfinanzierung und Bilanzen zuständig.

Quelle: orf.at, 27.2.2014
newsv2.orf.at/stories/2220168/

2. Wie Intendant Bachler und Direktor Drozda Stantejsky trotz warnender Gutachten am Burgtheater als Finanzdirektorin installierten

2008 wurde der künstlerische Burgtheater-Direktor Klaus Bachler gleichzeitig Intendant der Bayerischen Staatsoper und zog nach München. Er übergab die künstlerische Leitung des Burgtheaters seiner Stellvertreterin Karin Bergmann. Bachler überwies seine Burgtheater-Gage teilweise an Bergmann, die sie zunächst offenbar nicht versteuerte.

Quelle:
www.derstandard.at/story/1395363881087/mauscheln-und-tauscheln-im-schatten-der-weisswurst

Um Stantejsky zur kaufmännischen Geschäftsführerin zu befördern, schrieb Bachler am 11. März 2008 an die damalige Kulturministerin Claudia Schmied: »Ich darf noch einmal sagen, dass ich hoffe, Ihre Wahl wird auf Frau Mag. Silvia Stantejsky fallen, die als langjährige Prokuristin dieses Hauses dafür meiner Meinung nach bestens geeignet ist und auch in der gegenwärtigen Übergangssituation ideal wäre.«

Quelle: E-Mail Bachler an Schmied, 11. März 2008

Auch Thomas Drozda, der vom Burgtheater zu den Vereinigten Bühnen Wien wechselte, sollte sich ganz besonders für seine engste Mitarbeiterin Stantejsky einsetzen: Aus einem Protokoll der 16. Aufsichtsratssitzung der Burgtheater GmbH am 13. Juni 2008 geht hervor, dass der scheidende Drozda zum Abschied »von einer tollen Erfolgsstory« sprach. Von »wirklich, wirklich außergewöhnlichen« Leistungen. Und vom »modernsten und flexibelsten Theaterbetrieb«. Damit meinte Drozda das Wiener Burgtheater, an dem sich – wie sich bald zeigen sollte – Millionen-Malversationen und Steuerhinterziehungen zugetragen haben. Am Ende sagte Thomas Drozda laut Protokoll: »Ich muss sagen, ich gehe mit einem sehr guten Gefühl. Das hängt hauptsächlich mit der Silvi Stantejsky hier an meiner Seite zusammen, weil ich glaube, dass das eine ganz exzellente Wahl für die Kontinuität und für die Geschäftsführung im Burgtheater ist.« Drozda bedankte sich für die Kür Stantejskys ausdrücklich bei Aufsichtsratschef Georg Springer: nämlich dafür, »dass ich an der Entscheidung mitwirken durfte, das ist durchaus nicht selbstverständlich«.

Zur gleichen Zeit kam eine externe Gutachterin im Auftrag von Bundestheater-Holding-Chef Georg Springer zu der Einschätzung: »Es fehlen ihr (Stantejsky) breite betriebswirtschaftliche Sichtweisen und der Vergleich mit anderen internationalen Standards in verschiedenen Finanzbelangen.«

Springer sagte später: »Der scheidende künstlerische Direktor Bachler hat Stantejsky gefördert, der kommende Direktor Hartmann hatte Vorbehalte. Ich bin wie ein reitender Bote zwischen den beiden hin und her, um zu vermitteln.« Eine Kommission habe dann festgestellt, dass Stantejsky die Einzige sei, die alle Kriterien der Ausschreibung erfülle. Frau Stantejsky sei im Burgtheater ein Hero gewesen, das gute Herz, die gute Seele. Dass sie auch Vermögens- und Steuerberaterin eines Großteils des Personals war, hätte er nicht wissen können.

Quellen:
Protokoll der 16. Aufsichtsratssitzung der Burgtheater GmbH, 13. Juni 2008
News Nr. 13/2016, Burgtheater-Affäre – »Bestens geeignet«

3. Wie Hartmann falsche Bilanzen entdeckte

Dem künftigen künstlerischen Direktor wurde bereits im Herbst 2006, als sein Geschäftsführer-Vertrag unterzeichnet wurde, zugesichert, dass er ein schuldenfreies Haus übernähme. In einem Sideletter sicherte ihm Bundestheater-Geschäftsführer Georg Springer schriftlich Folgendes zu:

»Wesentliche Grundlage des Geschäftsführervertrages bildet der Umstand, dass einerseits die Burgtheater GmbH im Geschäftsjahr 2009/2010 der gleiche betragsmäßige Anteil an der Basisabgeltung der Österreichischen Bundestheater sowie die gleichen für den laufenden Spielbetrieb geleisteten Gesellschafterzuschüsse zukommen wie in den Geschäftsjahren 2007/2008 bzw. 2008/2009 sowie andererseits im Geschäftsjahr 2009/2010 keine Verlustvorträge zu übernehmen sind.«

Quelle:
Geschäftsgrundlage des Geschäftsführervertrages mit Herrn Matthias Hartmann, 29. September 2006

Matthias Hartmann trat seine Position als Geschäftsführer der Burgtheater GmbH mit 1. September 2009 an; ab dem 12. September 2008 fungierte er als Prokurist.

Anfang des Jahres 2009 veröffentlichte die Bundestheater-Holding einen Prognosebericht: Darin hieß es, dass das Burgtheater im laufenden Geschäftsjahr 2008/2009 ausgeglichen bilanzieren werde, aber bereits für das Geschäftsjahr 2009/2010 zeichne sich ein Bilanzverlust in der Höhe von 5,4 Millionen Euro ab, der sich im Geschäftsjahr 2010/2011 auf 12,4 Millionen Euro erhöhen werde.

Die Bilanz für das letzte Jahr unter der künstlerischen Intendanz von Klaus Bachler – 2007/2008 – fiel bescheiden aus: Die Verbindlichkeiten hatten sich auf 13,62 Millionen Euro verdoppelt, jene gegenüber Kreditinstituten auf 5,17 Millionen Euro verdreifacht. Jahresfehlbetrag: 2,55 Millionen Euro. Um eine »schwarze Null« zu erreichen, wurden Kapitalrücklagen aufgelöst. Die Aktivierung von Eigenleistungen stand in der Finanzabteilung im Vordergrund.

Hartmann wollte verstehen, warum trotz Rekordeinnahmen (Steigerung bei den Karteneinnahmen, Kostenreduktion beim Personal) kein Überblick über die Kosten der Produktionen zu gewinnen war. Er engagierte 2010/2011 den international anerkannten kaufmännischen Theater-Experten Peter Raddatz, der die am Burgtheater seit Jahren praktizierte Aktivierung und mehrjährige Abschreibung von Bühnenbildern (»Sperrholz, Pappe, Tapeten«) kritisierte. Selbst Produktionen, die gar nicht mehr auf dem Spielplan standen, wurden im Wert von 6 Millionen Euro aktiviert. Auch die Arbeitsleistung des Personals wurde als Wert berechnet und als aktiver Vermögenswert in die Bilanz aufgenommen.

Die Wirtschaftsprüfungsgesellschaft Price Waterhouse Coopers hatte keine Einwände gehabt, dass am Burgtheater die Kosten für Produktionen auf bis zu fünf Jahre abgeschrieben wurden. Als die Wirtschaftsprüfungsgesellschaft KPMG die Prüfung ab 2011/2012 übernahm, stieß Peter Raddatz mit seinen Vorbehalten auf offene Ohren.

In der Rückschau wird Raddatz festhalten: »Das Burgtheater hat das gemacht, was die Banken in der Finanzkrise getan haben: Schrottpapiere als Vermögen dargestellt.« Beim Versuch der Aufarbeitung sei laut Raddatz seitens der

Bundestheater-Holding nur gemauert worden: »Jede Wiener Würstelbude war besser organisiert als das Burgtheater zur damaligen Zeit.«

Quellen:
www.derstandard.at/story/1392687526985/die-burg-muss-ihre-reputation-wiedererlangen
www.derstandard.at/story/1392687590348/burgtheater-in-wien-der-groesste-theaterskandal
News Nr. 10/2016 vom 12. März 2016: »Im Frisiersalon«

4. Aussage Springers vor dem Arbeits- und Sozialgericht

Vor dem Arbeits- und Sozialgericht sagte Georg Springer aus, dass jede Buchung des Burgtheaters über seinen Tisch lief. Das Verfahren, das Matthias Hartmann 2014 nach seiner Entlassung angestrengt hatte, wurde aus prozessökonomischen Gründen unterbrochen, da die Wirtschafts- und Korruptionsstaatsanwaltschaft (WKStA) Ermittlungen aufnahm.

Quelle:
Protokoll 2. Verhandlungstag Hartmann vor dem Arbeits- und Sozialgericht Wien

5. Wie der Betriebsrat Zuwendungen an Künstler in bar ausbezahlte

2014 starteten die Wirtschaftsprüfer der KPMG eine Sonderprüfung (»Projekt Sopran«), in der die dubiosen Geldflüsse am Burgtheater, vor allem die Bargeldzahlungen, die von Silvia Stantejsky veranlasst wurden, aufgearbeitet werden sollten. Dabei wurden auch Geldflüsse an den Betriebsrat der Burgtheater GmbH thematisiert.

So sollen mehrere zehntausend Euro cash von der Burgtheater-Kasse an die Personalvertretung geflossen sein. Die Rechnungen trugen Titel wie »Abrechnung künstlerischer Lizenzen« (18.000 Euro), »TV-Auszahlung« (12.000 Euro) oder »Personalangelegenheiten« (18.000 Euro). Dagmar Hölzl, die Betriebsratsvorsitzende des Burgtheaters, erklärte dazu: »Ich habe das Geld nie gesehen.« Aus ihrer Sicht seien die Belege »falsch«.

Darüber hinaus weckte ein »jahrelanger Hausbrauch« am Burgtheater das Interesse der Finanzbehörde: Das Burgtheater kassierte vom ORF »Erlöse aus Rundfunk- und Fernsehübertragungen«, die zum Großteil an die Künstler weitergeleitet wurden. Brisanz besitzt auch dieser Umstand: Der Betriebsrat des Burgtheaters, der als Vertretungsbevollmächtigter der Künstlergemeinschaft agiert, zahlte die ORF-Gelder stets in bar aus. Auf die Frage, warum es keine Überweisungen gäbe, meinte die Betriebsratsvorsitzende Hölzl: »Das war schon immer so und wird so bleiben.«

Quelle:
Format, »Finanzamt interessiert sich für dubiose Geldflüsse im Burgtheater«, 12. Juni 2014

www.ots.at/presseaussendung/OTS_20140612_OTS0239/format-finanzamt-interessiert-sich-fuer-dubiose-geldfluesse-im-burgtheater

6. Wie die Rechnungshofberichte von der Politik missbraucht wurden

2014 initiierte der damalige SPÖ-Kulturminister Josef Ostermayer einen Rechnungshofbericht zum Finanzskandal am Burgtheater. Damals wollte die Regierungspolitik nur die Jahre ab 2008 unter die Lupe genommen wissen. Also die Zeit unter Silvia Stantejsky und Matthias Hartmann. Die Ära Thomas Drozda (ab 1999), der 2016 Ostermayers SPÖ-Nachfolger als Kulturminister werden sollte, blieb ausgespart.

Wesentliche Erkenntnisse des Rechnungshofberichtes 2016 lauten:

- Die Burgtheater GmbH zahlte insgesamt rund 21,14 Millionen Euro an Beschäftigte oder Werkvertragsnehmer aus und bezeichnete diese Auszahlungen als »Akonti«. Für 80 Prozent dieser Buchungen oder 14,62 Millionen Euro dieser Auszahlungen lagen keine Belege vor.
- Die Hauptkasse zahlte in den Geschäftsjahren 2008/09 bis 2013/14 insgesamt rund 37,00 Millionen Euro aus, davon rund 12,98 Millionen Euro in bar und rund 24,02 Millionen Euro von einem bei ihr eingerichteten Bankkonto.
- Für das bei der Hauptkasse eingerichtete Bankkonto erstellte der frühere Hauptkassier von September 2008 bis April 2014 alle Überweisungen und zeichnete diese als erster und bei 73 Prozent auch als zweiter Kollektivzeichnungsberechtigter; damit war die Auszahlung von rund 12,95 Millionen Euro nicht durch ein Vier-Augen-Prinzip abgesichert.

Quelle:
www.rechnungshof.gv.at/rh/home/home/Burgtheater_GmbH_1.pdf

Im Jänner 2019 wollten die Regierungsparteien ÖVP und FPÖ auch die Burgtheater-Zeit unter dem kaufmännischen Geschäftsführer Thomas Drozda durchleuchtet wissen. Sie leiteten eine Rechnungshof-Prüfung für den Zeitraum vor der Ausgliederung 1999 bis 2009 ein.

Wesentliche Erkenntnisse des 2021 fertiggestellten Rechnungshofberichtes lauten:

- Die Burgtheater GmbH büßte von einem bestehenden Kassenbestand und Guthaben bei Kreditunternehmen mit 3,35 Millionen Euro im September 1999 innerhalb von drei Geschäftsjahren 5,80 Millionen Euro an Liquidität ein und musste zum 31. August 2002 2,45 Millionen Euro an Verbindlichkeiten gegenüber Kreditunternehmen in ihrer Bilanz ausweisen.
- Im Oktober 2006 und im November 2007 wies die kaufmännische Prokuristin die Skartierung von zwei Bühnenproduktionen an, die zu diesen Zeitpunkten Buchwerte von 295.000 Euro bzw. von 162.000 Euro aufwiesen. Die Burgtheater GmbH schrieb diese Bühnenproduktionen im Jahr der Skartierung jedoch nicht vollständig ab, sondern setzte die Abschreibung in den Folgejahren fort. Beide Produktionen konnten jedoch nicht mehr gespielt werden, weil die Bühnenbilder bereits vernichtet waren.
- Die Hauptkasse der Burgtheater GmbH zahlte in den Geschäftsjahren 1999/2000 bis 2007/2008 insgesamt 58,83 Millionen Euro in bar oder über das bei der Hauptkasse eingerichtete Bankkonto aus. Mit Barauszahlungen waren hohe Verwaltungsaufwendungen verbunden. Die Aufbewahrung des erforderlichen Bargelds war mit einem Sicherheitsrisiko verbunden.

– Die Burgtheater GmbH bezeichnete in den Geschäftsjahren 1999/2000 bis 2007/2008 in ihren Büchern Barauszahlungen von 21,88 Millionen Euro an Beschäftigte oder Werkvertragsnehmende als »Akonti«. Dafür bestand keine rechtliche Verpflichtung, eine vertragliche Verpflichtung war nicht nachvollziehbar. Verblieben zum Ende des Geschäftsjahres »Akonti«, so erfasste die Burgtheater GmbH diese im Jahresabschluss als Forderungen an Beschäftigte oder Werkvertragsnehmende aus ausgezahlten »Akonti«. Diese Forderungen stiegen von 1999/2000 bis 2007/2008 um das Elffache auf rund 830.000 Euro an. Weder der Aufsichtsrat noch der Abschlussprüfer der Burgtheater GmbH hatte diesen Anstieg und den Umfang der »Akonto«-Auszahlungen nachhaltig hinterfragt.

Quellen:
www.rechnungshof.gv.at/rh/home/home/Bund2021_24_Burgtheater_GmbH.pdf

www.derstandard.at/story/2000097239541/burgtheater-rechnungshof-soll-die-aera-drozda-pruefen

7. Wie Abteilungen im Burgtheater bei der Erstellung falscher Bilanzen mitgewirkt haben:

Aufgrund der Aktivierungen von Eigenleistungen bei der Produktion von Stücken betrug der Wert der Produktionen im letzten Jahr unter Klaus Bachler (2008/2009) 8,2 Millionen Euro. Im Jahr danach fiel die Basisabgeltung der öffentlichen Hand auf 46,71 Millionen Euro, der Wert der Produktionen stieg auf nunmehr 14,62 Millionen Euro. Mit der Methode der Abschreibung auf bis zu fünf Jahre hatte man am Burgtheater im letzten Bachler-Jahr begonnen. Allerdings waren die »aktivierten Produktionen« (Bühnenbilder und Kostüme) teilweise bereits vernichtet und damit selbst als fiktiver Vermögenswert gar nicht mehr vorhanden, im Fachjargon: Die Stücke wurden »skartiert«.

Aus einem Aktenvermerk vom 17. Juni 2010 mit dem Titel »Skartierungen inoffiziell, Gespräch Mag. Stantejsky – F.« zeigt sich, dass neben Silvia Stantejsky sechs Personen aus diversen Burgtheater-Abteilungen in diese Praxis involviert waren. Darin heißt es:

> »*Gespräch Mag. Stantejsky F. am 17.6.2010*
> *BURG*
> *Folgende Stücke können entsorgt werden, bleiben aber abschreibungstechnisch aktiv. D. h. es darf von den Werkstätten keine Rechnung gestellt werden:*
> – Virginia Woolf
> – Der Schein trügt
> – Das Leben ein Traum
> – Symmetrien des Abschieds
> *Von Mag. Stantejsky wird noch* König Lear *und* Nathan der Weise *geklärt.*
>
> *AKA* (Akademietheater, Anm.)
> *Folgende Stücke können entsorgt werden, bleiben aber abschreibungstechnisch aktiv. D. h. es darf von den Werkstätten keine Rechnungen gestellt werden:*
> – Some Girls
> – Freier Fall
> – Doktor Faustus
> *Von Mag. Stantejsky wird noch* Das purpurne Muttermal, Arsen und Spitzen *und* Ernst ist das Leben *geklärt. (…)*

!! – Die Herren G. und G. sollen sich bitte mit Herrn K. absprechen, damit die Handhabung der »inoffiziellen« Skartierungen bei ihnen gleich abläuft – !!«

Mit dem Wechsel der Wirtschaftsprüfer (nach dem Jahresabschluss 2010/2011) kam man nach langen Diskussionen überein, die Produktionen grundsätzlich nur mehr auf maximal drei Jahre abzuschreiben. Allerdings natürlich nur dann, wenn die Produktionen zuvor nicht bereits »skartiert« worden waren. Aufgrund dieser Änderung der Methode musste die Burgtheater GmbH in der Bilanz ihre Werte um etliche Millionen berichtigen. Für eine ausgeglichene Bilanz musste das Stammkapital von 13 auf 9,5 Millionen Euro herabgesetzt werden.

Quellen:
Aktenvermerk Burgtheater/F. vom 17. Juni 2010
www.derstandard.at/story/1392687590348/burgtheater-in-wien-der-groesste-theaterskandal

8. Was die Presse in den geschwärzten Berichten teilweise nicht lesen konnte

Die Anlagen zum Bericht der KPMG (2014) sind online nicht mehr auffindbar. Dennoch lässt sich aufzeigen, mit welcher Dreistigkeit im kaufmännischen Bereich des Burgtheaters Zahlen geschönt wurden. Für Stantejsky soll in ihren drei Jahren als Finanzdirektorin die Kassa ein »wesentliches Instrument der Liquiditätssteuerung« gewesen sein: Die Forensiker stießen auf eine Excel-Datei, die Stantejsky am 26. November 2012 erstellt hatte. Laut dieser Datei sollen am 30./31. August 2012, also zum Abschluss des Geschäftsjahres, von diversen Personen, darunter auch Stantejsky, 176.502,84 Euro in die Kassa eingezahlt worden sein. Auf der Liste finden sich bekannte Namen wie Karin Bergmann, Thomas Drozda sowie Bühnenbildner und Regisseure. Aber auch Christoph Schlingensief soll laut Stantejskys Datei Beträge einbezahlt haben. Bemerkenswert: Der Künstler verstarb 2010. Er konnte 2012 keine Überweisungen mehr tätigen.

Quelle:
www.derstandard.at/story/1389860611014/ein-toter-soll-der-burg-geld-geborgt-haben

9. Beispiele zu unterlassenen Steuer- und Abgabezahlungen aus der Ära Drozda

2016 zeigt der von der Wirtschafts- und Korruptionsstaatsanwalt beauftragte Gutachter Dr. Peter Wundsam systematische Steuerhinterziehung in der Finanzabteilung des Burgtheaters auf. Zumindest ab dem Jahr 2004, also vier Jahre vor Hartmanns Direktion, womöglich schon davor, hatte die Burg dem Staat Abgaben in Höhe von rund 2,4 Millionen Euro vorenthalten, indem Dienstnehmer und Künstler schwarz beschäftigt wurden. Konkret verzichtete der kaufmännische Bereich des Theaters darauf, 1,9 Millionen Euro an Lohn- und Einkommensteuer, 119.000 Euro an Kommunalsteuer und 310.000 Euro an Beiträgen für die Gebietskrankenkasse zu überweisen.

Quelle:
News Nr. 10/2016, 12. März 2016, »Im Frisiersalon«

10. Worum es in der Pressekonferenz ging

Am 7. März 2014 gab Matthias Hartmann gemeinsam mit dem neuen kaufmännischen Burgtheater-Geschäftsführer Thomas Königstorfer eine Pressekonferenz, bei der Hintergründe des Finanzdebakels erklärt wurden:

Bemerkt wurde die heikle Finanzsituation 2010, als sich trotz Steigerung bei den Einnahmen und trotz Kostendisziplin die Liquidität des Hauses verschlechterte. 2011 habe man den Experten Raddatz hinzugezogen, der die Abschreibungspraxis kritisierte und den Eigentümervertreter der Burg, Bundestheater-Chef Georg Springer, ins Bild setzte. Doch Springer ließ den damaligen Wirtschaftsprüfer PWC prüfen, der die damalige Abschreibungspraxis noch für angemessen hielt. Im Jänner 2013 stimmten die Wirtschaftsprüfer der KPMG der Kritik von Raddatz und Hartmann (2011) zu und fanden die Abschreibungspraxis nicht korrekt. Die *Kronen Zeitung* notierte eine »Pointe am Rande«: »Wendet man die gleiche Abschreibungsmethode für den Abschluss zum 31. August 2009 an, ergäbe sich sogar ein Bilanzverlust von 8,3 Millionen. Das heißt aber, dass seit der Übernahme der künstlerischen Leitung durch Hartmann das Ergebnis für 2009 bis 2013 um 200.000 Euro verbessert wurde.«

Quelle:
Kronen Zeitung, 8. März 2014, »Den Ruf der Burg schützen!«

11. Wie sich der Entlassungsgrund als nicht tragfähig erwies

Im März 2014 wird der künstlerische Burgtheater-Direktor Matthias Hartmann fristlos entlassen. Der damalige SPÖ-Kulturminister Josef Ostermayer, Parteifreund des einstigen kaufmännischen Direktors Thomas Drozda, der Stantejsky erst befördert hatte, begründete diesen Schritt damit, dass Hartmann seiner »Geschäftsführerverantwortung« nicht ausreichend nachgekommen sei. Er habe seine kaufmännische Kollegin Stantejsky nicht ausreichend überwacht.

Hartmann brachte über seine Anwälte dagegen Klage ein. In einer Aussendung schrieb er damals: »Man möchte meinen, dass sich der künstlerische Geschäftsführer auf die kaufmännische Direktion, die Kontrollfunktion der Holding und die Wirtschaftsprüfer verlassen könnte. Da wurde ich offensichtlich völlig im Stich gelassen und muss jetzt dafür büßen.«

Der kaufmännische Direktor Thomas Königstorfer, seit 2013 am Burgtheater, blieb im Amt.

Quelle:
www.derstandard.at/story/1392687797072/kulturminister-enthebt-direktor-hartmann-des-amtes

12. Bundestheater-Holding-Chef Springer kassierte Boni trotz mangelhafter Überwachung

In einem Bericht aus 2014 zerpflückte der Rechnungshof auch die Aktivitäten in der von Georg Springer geleiteten Bundestheater-Holding in den Jahren 2009 bis 2012. Tenor: Die Holding habe in ihrer Kontrollfunktion versagt und habe keine ausreichenden Maßnahmen gegen die Finanzschwierigkeiten der Bundesbühnen (Staats- und Volksoper sowie Burgtheater) gesetzt. Und auch die Bundespolitik habe tatenlos zugeschaut, notierte der *Kurier*: »Der Bericht lässt auch erahnen, wie das explosive Gemisch der Burgtheater-Affäre entstehen konnte: es mangelte an

Kontrolle, sowohl vonseiten des Ministeriums als auch der Holding.«

Die Hauptkritikpunkte: Zwischen 2009 und 2012 wurden von den Bundesbühnen 8,9 Millionen Euro an Künstler und Mitarbeiter in bar ausbezahlt; 7,13 Millionen entfielen auf das Burgtheater. Dazu kamen Prämienzahlungen an den 2014 pensionierten Holding-Chef Georg Springer: Dieser habe laut Rechnungshof 2011 einen Zuschlag zum Jahresbezug von knapp 37 Prozent erhalten – in Summe somit 258.000 Euro brutto. Prämien wurden laut Rechnungshof »für Leistungen ausbezahlt, die als Aufgaben in seiner Arbeitsplatzbeschreibung enthalten waren oder den üblichen Tätigkeiten eines Geschäftsführers entsprachen.«

Quelle:
kurier.at / kultur / rechnungshof-zerpflueckt-bundestheater / 76.323.321

13. Was *Der Standard* von Stantejskys Verurteilung hält

Ende Jänner 2020 wurde Silvia Stantejsky am Wiener Landesgericht wegen Untreue und Veruntreuung zu einer zweijährigen bedingten Freiheitsstrafe verurteilt. Zudem muss sie eine Schadensgutmachung von 319.156,10 Euro leisten. *Der Standard* schrieb am 28. Jänner 2020 zu Stantejskys Urteil:

»Was das Gericht nicht nannte, mag in die Urteilsfindung ebenfalls eingeflossen, juristisch aber kaum greifbar sein: die Grundproblematik, warum es so weit kommen konnte. Das Gericht hat sich nicht hinreißen lassen, Stantejsky für systematisches Kontrollversagen und Missmanagement büßen zu lassen, das von den Wirtschaftsprüfern über den dem Theater übergeordneten Holding-Dachverband bis zu den Verantwortlichen im Kulturministerium reichte.

Deutlich zeigte das Verfahren noch einmal auf, dass die bei stetig steigenden Personalkosten über Jahre nicht angepasste Basissubvention vonseiten der Republik Löcher ins Budget des Burgtheaters riss. Auf Druck der Holding, trotzdem eine schwarze Null zu schreiben, wurde Stantejsky letztlich kreativ – in einem System, das per se unorthodox ablief.«

Quelle:
www.derstandard.at/story/2000113837454/silvia-stantejsky-mildes-urteil-fuer-ja-sagerin-im-system-burg

14. Wann das Verfahren gegen Hartmann eingestellt wurde. Und wann es zum Vergleich kam

Das Verfahren gegen Matthias Hartmann wurde Ende 2018 nach vier Jahren, sieben Monaten und 19 Tagen in allen Punkten eingestellt.

In all der Zeit wanderte der Akt bei der Wirtschafts- und Korruptionsstaatsanwaltschaft von einem Oberstaatsanwalt zum nächsten. Noch nach Jahren wurden Formalfehler entdeckt, die zu weiteren Verzögerungen führten. Dabei hatte eine zuständige Oberstaatsanwältin bereits wenige Monate nach Beginn des Verfahrens nach einer Einvernahme zu Hartmann gesagt: »Als Beschuldigten brauche ich Sie nicht mehr. Wenn überhaupt, dann nur mehr als Zeugen.«

Die Presse hatte bereits am 25. September 2015 notiert:

»Die Untersuchungen wegen des Verdachts der Bilanzfälschung und Untreue schleppen sich nun schon über ein Jahr dahin, ohne bisher auch nur irgendein Ergebnis gebracht zu haben. Mittlerweile arbeitet schon der dritte Staatsanwalt an der Causa. Nachdem die erste Staatsanwältin kurz nach der Übernahme des Falls in Karenz gegangen war, landete der Akt bei Veronika Hennrich. Sie wurde aber nur wenig später dienstfrei gestellt, nachdem sich der Verdacht erhärtete, sie hätte in der Causa Alijew zwei Kriminalisten zum Amtsmissbrauch angestiftet. Nun kümmert sich Staatsanwalt Juan Pablo Gomez um das Burgtheater.«

Dann passierte eine Zeit lang nichts. Danach wurde ein Gutachten in Auftrag gegeben, welches 2016 fertig wurde. Auch in diesem Gutachten konnte Hartmann kein Fehlverhalten vorgeworfen werden. Der Fall wurde von der Wiener Korruptionsstaatsanwaltschaft zur Oberstaatsanwaltschaft und dann zum Justizministerium geschickt. Von dort aus zum Weisungsrat. Hier wurde der Auftrag erteilt, ein Detail des Gutachtens (welches?) neuerlich zu untersuchen. Der Fall ging durch alle Instanzen wieder zurück. Der Gutachter konnte jetzt aber nicht mehr beauftragt werden, da er in der Zwischenzeit überraschenderweise Wirtschaftsprüfer des Burgtheaters geworden und deswegen befangen war. Ein neuer Gutachter musste gefunden werden. Wieder verging Zeit. Letzterer kam freilich auch zu keinem anderen Ergebnis.

Quellen:
www.diepresse.com/4829696/hartmanns-anwaelten-reicht-es

www.diepresse.com/5524776/burgtheater-alle-ermittlungen-gegen-hartmann-eingestellt-ex-geschaeftsfuehrerin-angeklagt

www.kleinezeitung.at/kultur/4944193/Burgtheater_Gutachten-belastet-Stantejsky-schwer-Hartmann-nicht

www.zeit.de/2018/10/wiener-burgtheater-oesterreich-finanzen-skandal

Die arbeitsrechtliche Causa – Hartmann hatte sich seit 2014 gegen die fristlose Entlassung zur Wehr gesetzt – endete daraufhin mit einem Vergleich: Die fristlose Entlassung wurde in eine einvernehmliche Auflösung des Dienstverhältnisses umgewandelt. Über den Vergleichsinhalt musste Stillschweigen vereinbart werden.

In einer gemeinsamen Stellungnahme hieß es lediglich:

»Nach Einstellung des Strafverfahrens gegen Matthias Hartmann haben die Burgtheater GmbH und Matthias Hartmann einen Schlussstrich unter ihre Rechtsstreitigkeiten gezogen. Die Erhebungen der Wirtschafts- und Korruptionsstaatsanwaltschaft haben ergeben, dass gegen Matthias Hartmann in seiner früheren Tätigkeit als künstlerischer Leiter des Burgtheaters in Wien keine strafrechtlichen Vorwürfe bestehen.« Weiters hieß es: »Mit heutigem Wissensstand hätten die Parteien anders gehandelt.«

Quellen:
www.derstandard.at/story/2000090967376/causa-burgtheater-streit-beigelegt-versicherungen-zahlen

www.ots.at/presseaussendung/OTS_20181109_OTS0086/rechtsstreitigkeiten-zwischen-burgtheater-und-matthias-hartmann-beigelegt

Über den Autor

Matthias Hartmann wurde 1963 in Osnabrück geboren. Erst Shootingstar am deutschsprachigen Theaterhimmel, übernahm er Intendanzen in Bochum, Zürich und 2009 das Burgtheater. Nach Unregelmäßigkeiten in der Buchhaltung wurde er 2014 seines Amtes enthoben, 2018 wieder vollständig rehabilitiert. Heute entwickelt Matthias Hartmann als Creative Director des Red Bull Media House Konzepte unter anderem für TV-Serien. Als Regisseur inszeniert er vor allem in Italien Opern, an der Scala in Mailand, am Teatro della Pergola in Florenz und in Genua.